超一流アナリストの技法

思考法からバリュエーションまで

野﨑浩成
Nozaki Hironari

日本実業出版社

プロローグ

「しあわせ」を考えるアナリストは成功する

■アナリストは情報格闘家

「情報化社会」と言われて久しいと思いますが、アナリストを長年務めてきた経験の中では、情報に係る大変さを痛感していました。玉石混交の情報の中から重要性の高いものをピックアップする、あるいは世界中で飛び交う情報から得られるインプリケーション（意味合い、含蓄）などを見出すのに苦労した記憶が鮮明に残っています。

情報やデータは多ければ多いほど良い、というものではありません。過剰な情報は適切な判断の邪魔となるほか、必要以上のエネルギーを費やしてしまうことさえあります。

アナリストの仕事は、他の多くのビジネスと同じように、膨大なデータや目まぐるしい変化との格闘です。毎瞬間繰り出され、しかも24時間全世界で生み出される情報に反応してしまうのが株価です。このため、情報の重要性を峻別する能力と洞察力が求められます。

このような情報処理上の瞬発力が求められる一方で、ゆっくりと、しかし確実に忍び寄る構造変化も感じ取る力が必要とされます。その意味でアナリスト業務は、情報と戦う他の多くのビジネスの縮図のような性格があると思います。

■幸福を増やすための知恵

本書は、もともとアナリストとして得た知識や経験、調査・分析のテクニックや対人的な方法論などを集大成したものを想定していました。しかし、構想を固めていく段階で、それではもったいない、いままでのキャリア構築のすべてを注ぎ込もうと思い直しました。生きるうえでの行動規範やビジネス哲学的なものを含め、自らの経験やポリシーの中でお役に立てていただけそうなものを盛り込み、多彩な業界のビジネスパーソンあるいは様々な進路を検討している学生諸君に、価値あるアドバイスを「本音ベース」で届けたいと思います。

多くの場合、仕事は人生の豊かさや幸福を増やすために取り組まれるもののはずです。しかし、現実には手段であるはずの仕事が目的化し、家庭生活や楽しいはずの「隠居後」の人生が色あせてしまうことがあります。私は、本書において単にビジネススキルを提供するだけではなく、ビジネスとプライベートを一体として捉え、その幸福感を増やしてもらうことを目指します。

■コストを極小化して便益を極大化する技術

そのために、仕事に係るコストを極小化すると同時に、仕事から派生する便益を極大化する方法を伝授したいと考えています。私がこれまでのキャリアで誇れるものがあるとすれば、人生のコスト（心身の負担から時間や家庭生活に至る多種多様な負担）を軽くしながら、人に認められる実績をある程度残せたということです。特に、過酷と言われるアナリスト業務を長年続けながらも、すこぶる健全な精神衛生状態を維持できたことは、幸運であり、また胸を張れることでもあります。本書では、そこに至った秘訣などを余すことなく綴っています。

ただ、本書を書店などで手に取った人が期待するのは、むしろトップアナリストとしての技術的側面かもしれません。安心してください。後半では、かなり個別で具体的な例を取り上げながら、仕事に活かせるヒントをできる限り散りばめています。

■本書の構成

本書の構成は、第1部と第2部に分かれています。

第1部においては、アナリストとしての経験を踏まえて、いかなるキャリアに従事している人にも有用と思われる情報を盛り込んでいます。様々な問題に対する基本姿勢などのマインド的なものから、より少ない労力で大きな成果をもたらすためのビジネススキルに至るまでをカバーしています。第1章から第2章にかけては精神論的なアプローチ、第3章でより実践的なヒントになると考えるものを扱っています。

第2部においては、アナリストとして輝くための技術的な要件や実践的なアドバイスをしています。当然のことながら、証券分析、財務分析、バリュエーション（企業価値と比較して、株価が割安か割高かを判断すること）などは基本的な素養であり、これがクリアできなければアナリストというポジションを続けるのは難しいと思われます。そのため、本書はより高いレベルで戦う能力までも養うための工ントを提供するため、こうした基本的な素養に関してはエッセンスのみを取り上げることにしています。そのうえで、数多くの困った経験、役に立ったことなどを踏まえ、臨場感あふれる事例をふんだんに盛り込んで、「成功のための気づき」が得られるような工夫をしています。

一般企業の皆さんにとって、第2部はアナリスト向けの専門的な内容と受け取られるかもしれません。しかし、アナリストとしてのスキルは、どんなビジネスであっても役に立つ普遍的な技術です。このため、現役アナリストあるいはアナリストに関心のある読者ばかりでなく、多くのビジネスパーソンや学生諸君に精読してもらいたいと考えています。

なお、本書ではかなり実践的な事例を取り上げており、それらの事例には過去に書いたレポートなどから取り込み、より実践的に踏み込んだものも含まれています。それゆえ、私が勤務していた会社などの知的財産権などに関連したコンフリクトを避けるため、実際に用いた数字などから微妙に手を加えている点をお含み置きください。

■プロローグの最後に

本書を刊行するにあたり、正直なところ、タイトルで悩みました。果たして私は「超一流アナリスト」と言えるのか。たまさか「大丈夫、あなたは超一流アナリストですよ」と言っていただいたとしても、自らの著書にこのようなタイトルをつけていいものか逡巡しました。

しかし、仮に自分がこうした修飾辞にふさわしくなくとも、これまでのキャリアやそれを通じて得られた幸福感に鑑みれば、このタイトルでもいいだろうと考えることにしました。

また、アナリストがトップを目指すインスティテューショナル・インベスター誌で「殿堂」入りを果たしたことで、超一流と称させていただくことに読者の皆様のご寛恕を賜れれば幸いです。煮え切らないことを書いてしまって申し訳ないのですが、すんなりと決まったタイトルではない点だけ斟酌いただけると嬉しく思います。

本書を執筆するに至った一番の動機は、自分を育ててくれた銀行業界、アナリスト業界、運用業界に対する感謝の気持ちと多少の恩返しです。私の人生は、本当に多くの人々に支えられてきました。家族や会社関係者、厳しい注文をつけてくださった投資家の皆様をはじめ、すべての人々への感謝の気持ちを込めて渾身の力で丁寧に書き綴ったつもりです。拙い著書ではありますが、読者の幸福感の増分につながれば幸いです。

目次

超一流アナリストの技法

第2章　判断と行動の基本原則

第3章　一流と呼ばれるビジネススキル

第2部
超一流アナリストのスキルと暗黙知

第4章 アナリストのABC

第6章　アナリストとしての十分条件

第7章　超一流アナリストの決め手

装丁／志岐デザイン事務所（萩原 睦）
本文DTP／一企画

本書において示されているアドバイス、知見、その他見識の表明は、あくまでも筆者の執筆時点における意見に基づくものです。実際のアナリスト活動においては、それぞれが所属する組織の規程・規則、そのとき有効な日本証券業協会などの業界ルール、金融商品取引法などの関連法令を遵守してください。

第1部

どの分野でも一流になれる マインドとテクニック

第1章 人生をしあわせにする働き方

仕事の二面性への理解

■「仕事が生き甲斐」は危うい

ビジネスパーソンとしてパワーアップするためのヒントを披露する前に、仕事の位置づけから述べておきます。手段であったものが、気づかないうちに目的になってしまうことがよくあります。仕事に熱意をもって打ち込めるということは、大変素晴らしいことです。相性の良い仕事にめぐり合えたことに感謝しながら、仕事を通して自己実現を図っていきましょう。ただ、仕事自体をゴール、そして仕事を「生き甲斐」として捉えることについては少し注意が必要です。

生き甲斐という言葉には、一種の危うさがあります。子供が生き甲斐、恋人が生き甲斐、ゴルフが生き甲斐、そして仕事が生き甲斐……。人は生きていく中で、自らが大切にしている何かに生きる意味を見出すことによって安心感を得ます。しかし、生き甲斐は、その対象への強い依存心を暗示しています。人生を終える前に、生き甲斐の対象を失う確率は高く、その依存を強めるほど、人生の価値が目減りしてしまうリスクを伴います。

やっとリタイヤできたのに、ため息で充満した毎日を過ごすのは悲しすぎます。仕事は自己実現という意味で人生において大変意義深い経験ではありますが、人生を豊かにする手段であることも忘れてはなりません。仕事に生き甲斐を感じて打ち込む結果、家庭を含むプライベートに大きな犠牲を払うことが、人生全体を振り返ったときにどういうことかを考えるべきでしょう。

■ときどき生活を俯瞰する

「仕事人間」という言葉は、仕事に打ち込むというポジティブな意味よりも、仕事に没頭するがゆえ、ほかの大切な何かをおろそかにすることを含意しています。仕事に目を奪われているうちに、友人や親子関係、社会的活動、心を豊かにする趣味などを失って、その大切さに気づくことが少なくありません。

自分が向かい合う対象は一つではありません。自分が仕事を含め様々なものと向き合っている姿を、ときどき上から鳥瞰してみましょう。そうすれば、仕事の位置づけについても、あるべきポジションを見つけることができると思います。

アナリストは、目が回るくらいに膨大なデータや情報を処理し、突発性の高いタスク（課

図表1 俯瞰の一例

	時間	割合	ネット効用	1日の評価
仕事	11	46%	2	0.92
移動	2	8%	1	0.08
家族	2	8%	5	0.42
個人	3	13%	5	0.63
睡眠	6	25%	3	0.75
合計	24	100%		2.79

(注)
①ネット効用は将来の効用の現在価値に働く喜びを加え、苦役コストを控除したものを5段階で評価
②1日の評価は0～5の間で決定される

題)へ対応し、国内外の顧客への対応を行なっていく激しい働き方を迫られます。必然的に、頭の大半を仕事が占めることになります。仕事に追われる限りは、自分の人生における現在の位置づけを振り返る余裕がなくなります。

私はそのことに危機感を覚え、仕事とオフとのバランスを考えるため、自分の暮らしぶりを俯瞰する時間をもち、「いま」をレビューするようにしました。その結果、肩の力を抜いて仕事とオフのアロケーション(配分)を見直すようになりました。悪い言い方をすれば「手を抜く」ということですが、この判断はオフの時間に素晴らしい着想にたどり着く結果をもたらしました。おかげさまで高い評価を得たいくつかのリサーチアイデアは、オフの時間に通ったホットヨガのスタジオで誕生したものです。

何かに集中すると、周りが見えなくなることがあります。仕事などへのエネルギーの集中を分散させることは、仕事以外の人生の要素に輝きをもたらしますが、そればかりでなく仕事そのもののクォリティを向上させる可能性があることを認識しておくべきだと思います。

■仕事は苦役の顔と便益の顔をもつ

改めて「働く」ということについて考えてみましょう。経済学では労働は苦役であり、労働者は余暇を犠牲にして生計を立てるため、時間やエネルギーというコストを費やすものとされています。しかし、働くということは、働き手にとってのコストでしかないという程度の無機的でつまらないものなのでしょうか?

仕事は、自分の能力を発揮することで自己を実現し、多くの学びに接しながら人生を豊かにするための機会であることを忘れてはいけないと思います。つまり、働き手にとって仕事は「コスト」であることは確かですが、その一方で仕事に携わらなければ得られない経験という「効用」の源泉でもあるのです。

そのように偉そうなことを述べても、実は私は生来の怠け者です。大学生時代から、ジョージ秋山の漫画『浮浪雲《はぐれぐも》』が好きで、主人公・雲さんがつぶやく「遊んで暮らしたいなあ」という台詞に深く共感を覚えてから、爾来ことあるごとにこの台詞を思い返してきました。

私にとって仕事は、雲さんがつぶやく「遊んで暮らす」生活をいち早く手に入れるための手段です。つまり一義的には、将来なるべく早く遊んで暮らす糧を稼ぐための手段です。金融を専攻する立場から補足説明すると、なぜ働くかは「将来の楽な暮らしの現在価値が、いま働くことのコストを上回っているから」ということでしょうか。

では、コストとは具体的に何を指すのでしょうか? コストとは、仕事に伴う精神的ストレス、肉体的疲労、時間的ロス、自分にとって大切な人々（家族）へのアクセスの制約など、人生の幸福にマイナスの効果をもたらすものがすべて含まれます。こうしたコストと便益（効用）の大きさを比較しながら、仕事をするという選択を行なっているということです。結論としては、仕事は「将来の楽」という便益のために支払っている「コスト」ということになります。しかし、これは仕事の一面でしかありません。

■もう一つの仕事の側面

仕事は苦役やコストという顔のほかに、人生にとって大きな効用を生む側面をもっています。仕事は将来の楽な人生のためのコストという位置づけだけではなく、限られた人生の中で多くの経験を積むための手段です。この経験こそが「しあわせ」の源泉、経済学で言う「効用」です。働くことの「コスト」、仕事からもたらされる金銭的報酬以外の「効用」が「仕事の二面性」です。この二面性の認識こそが、パワーアップ仕事術を知る前の段階で確認しておくべきポイントです。コスト極小化と効用極大化こそが仕事術の狙いです。

仕事の二面性

二面性の認識で、仕事に対する向き合い方が変わります。仕事に没頭する人は主に「効用」に目を向けて、苦痛な人は「コスト」に目が向きがちなだけです。仕事のコストと効用という二つの側面を整理して理解するだけで、コストをいかに削減するか、効用をいかに拡大するか、という意識が働くので、すっきり仕事に向き合えます。

「コスト」に関しては、自らが負担する時間的、精神的、物理的負担を軽減するための術を第2章と第3章で参考にしてもらいたいと思っています。同じ仕事に取り組むにあたっても、考え方や基本動作などの違いによって、これらの負担が大きく異なるからです。平たく言えば、なるべく楽をして働いてほしいということです。そのために、苦労を将来の糧へと昇華させつつ、物理的・時間的負担を軽くするためのテクニックを習得しましょう。

「効用」については、技術というより精神的部分が大きいと思います。われわれ人間は限られた今生の時間を与えられています。もちろん、その長さは人によって異なりますが、その与えられた時間軸の中でどういった経験をするかが、時間軸の長さ以上に人生の厚みや充実度に影響するものと私は思います。

人生という時間軸と、経験というもう一つの座標軸を考えたうえで、経験関数の積分値、つまり人生の刹那々々で得られる経験の大きさの集大成こそが人生の大きさと言えるでしょう。キャリアは、これを拡げる有力な手段であることは間違いありません。

経験とキャリア・ポートフォリオ

■転職4回で得られたこと

私は飽きっぽいところがあり、また好奇心も旺盛なためか、転職を4回も経験しました。大学卒業後、地元の銀行に入行し、単純作業から経営の根幹に係る仕事に至るまで幅広い業務に携わることができました。しかし、このままうまく出世して支店長、本部の部長、そして役員になるイメージをもった矢先に、「つまらない」と感じてしまいました。結局14年間の銀行員生活にピリオドを打ち、縁あって証券業界に転身しアナリストになりました。

幸運にもアナリストとしてのデビュー後、3年目には調査機関のサーベイでトップに選んでいただくなど、相応の充実感もありましたが、こちらも10年も経過しないうちに食傷気味になってきました。結果、こちらもなぜか足かけ14年間で引退してしまいました。

そうこうして転職4回の末、いまは大学教員となっています（幸い、いまのところはまったく飽きていません）。こうした飽きっぽさと好奇心、そして何よりも人との縁や聖なる偶然などの幸運な機会を得て、多くの経験をすることができました。ビジネスキャリアのポートフォリオが拡大していったことで、幾何級数的に幸福度も高まっていきました。

■経験のポートフォリオ

金融で資産運用から切り離せないのが、「ポートフォリオ理論」です。ポートフォリオとは、金融資産の組み合わせを意味します。金融資産には、リスクのない安全資産と、株式のようにリスクのあるリスク資産があり、リスク資産の組み合わせがもたらすリスクと期待収益率との関係を「機会集合」と言います。

図表2のように、機会集合は無数の点となって、座標に描かれます。この無数の点の中から、同じ期待収益率で最もリスクの低い点を選んでいきます。そして、選ばれた点を結んだ線を「効率的フロンティア」、あるいは「有効フロンティア」と呼びます。ポートフォリオ

図表2　効率的フロンティア

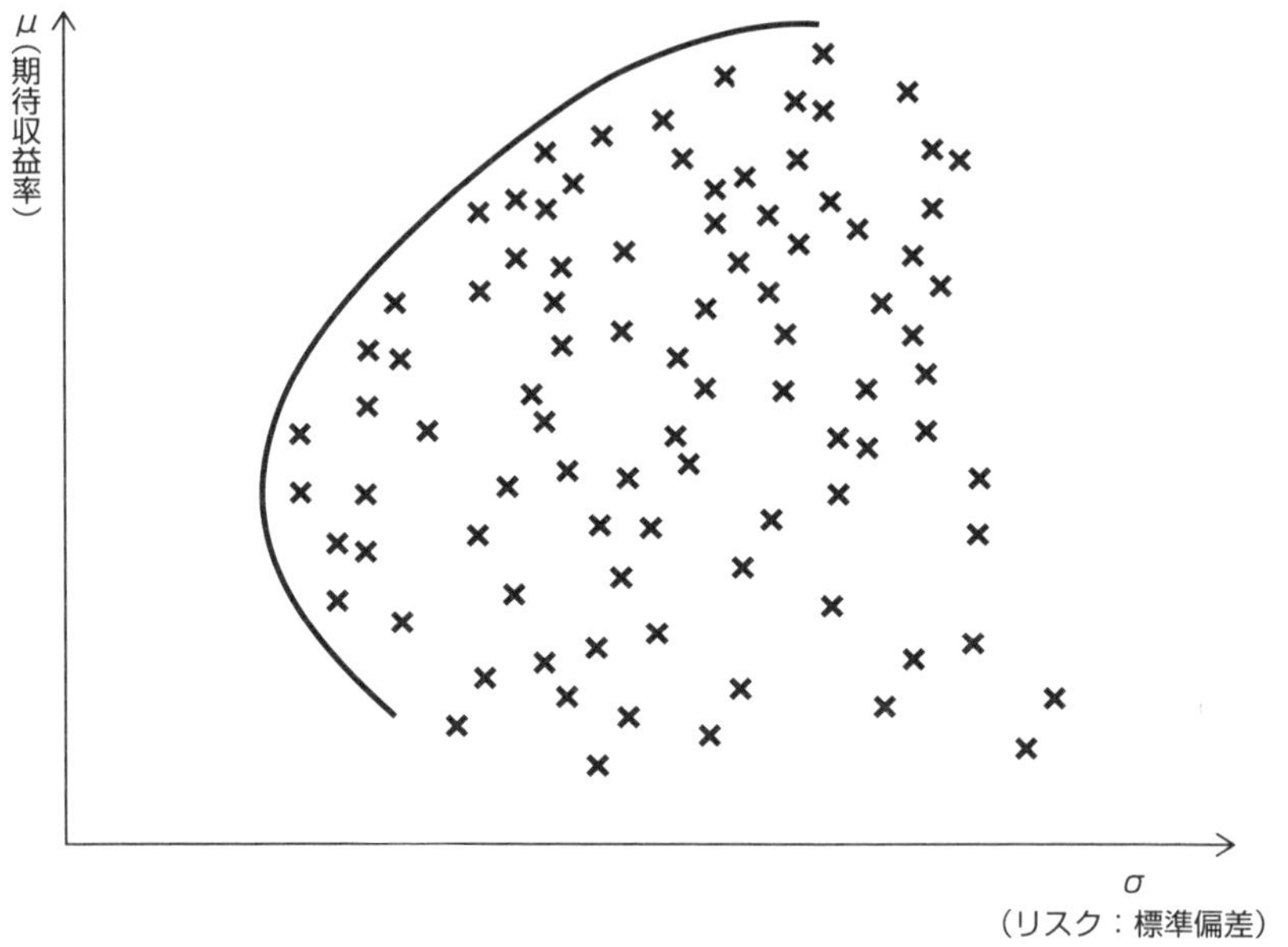

理論では、リスク資産の種類が豊富なほど、効率的フロンティアは拡大していくとされます。ここで「拡大する」とは、より低いリスクで高いリターンが期待できる方向へ、この線が張り出す、つまり、より理想的な組み合わせを生み出す余地が拡大するということです。

少し冗長な解説になってしまいましたが、以下に列挙するように、仕事やそのほかの人生経験も金融資産のポートフォリオと同じです。

第一に、人間の価値の捉え方は、相対性の中でしか感じられないという点です。幸福感は、幸福のみで満たされた中では感じることができません。苦しいことや悲しいことがあって、日常のささやかな当たり前のことに感謝できるのです。東日本大震災後、しばらくは被災地でなくとも常態的な品不足や計画停電でままならない状況で、誰もが日々の当たり前の生活が大きな感謝の対象であることに気づきました。人生経験が豊富になると、当然、これと比例して嫌なこと、不幸なことに遭遇する機会も増えてきます。マイナスの経験をしたからこそ、相対的に「しあわせ」の価値をより大きく認識することができるのです。

私は銀行勤務時代に、企画部という銀行全体の経営を舵取りするセクションに配属されました。朝は午前8時前に出勤し、夜は深夜1～2時にタクシーで帰宅する生活が続きました。休日出勤も日常茶飯事で、心身ともに休まらない毎日でした。この生活を4年間続けたおかげで、その後の仕事はどんな激務であっても、比較的にやさしい労働環境と感じてしまう能力が身につきました。

第二に、経験を積むということは、その組み合わせの化学反応により、新たな価値を生みます。無駄だと思われる単純作業でさえ、まったく別の仕事の中で輝きを放つことがあります。銀行に入行して最初の1年はひたすらお金を勘定する出納係に配属になりました。そこでの業務は、ＡＴＭ故障の対応など、極めて地味な仕事です。ただ、これを真面目に勤め上げて9か月後には海外留学というプレゼントが待っていました。

さらに、その出納係での経験は、アナリストに転身してからも、ありがたいことに「実務に長けたアナリスト」としての評価の一端をなしました。細かい話ですが、出納係は支店の現金持ち高を圧縮する重要な使命を帯びています。持ち高を少なくして資金効率を上げるため、現金の出入りを季節性やカレンダー効果などから適切に予想することが求められました。こんな瑣末なことさえも理解している人は少ないだけに、経験が紡ぎだす武器となったのです。この世に、無駄な仕事は何一つないと実感しました。

第三に、働く機会は人生で得がたい貴重な経験を提供してくれます。普通に働いているだけでも、職場や取引先などをはじめとする多くの人との一期一会の積み重ねがあります。他の職種では身につかないような、知識や技術を手に入れることもできます。職場ばかりでなく、顧客だった方々ともいまだにビジネスを超えた付き合いがあります。また、銀行や証券会社で会得した知識や技術力はもちろんですが、銀行員と証券マンのマインドセットの違い、業界用語などといった細かいことも、現在の大学での教育にかなり役立っています。例えば、銀行や証券会社の人に「こいつは業界通だな」と思わせるコツなどは、学生が身を乗り出して聞きます。

私は、この世に生を受けた以上、その生における経験を最大化することが何よりも大切だと考えてきました。そして、そうした経験一つひとつに感謝の気持ちをもって向き合うことが自らのしあわせを膨らませるコツです。与えられた生の時間はいつ突然終わるかわかりません。ですから、悔いのないよう、そのときにできる多くの経験を味わうことが何より大切だと考えました。

安定した職ほど、転職にはリスクを伴います。しかし、私は、新たな機会をあきらめたことを死ぬ間際に振り返ったときにどう思うかという視点で判断をしてきました。この考え方がある限り、特定の仕事に人生の多くを依存することはなくなります。

仕事だけではなく、子育ても同じです。もちろん、子育てにおいては家内の負担が一番大きかったわけですが、私もなるべく子供たちと接する時間をつくるようにしました。私は、二人の子供たちを育てていく過程で、「育ててあげている」という感覚をもったことがありません。むしろ、子育てという経験をさせてくれて、そして自らの命より大切だと思える生に触れ合わせてくれた子供たちへの感謝の気持ちでいっぱいです。

人生は、経験のポートフォリオです。仕事、遊び、家庭、友人……、ポートフォリオの内容がバラエティに富むほど、人生には輝きが増します。ここで強調したいのは、仕事であれ、家庭であれ、趣味のスポーツであれ、好きなアイドルであれ、偏狭な思いで向き合う危険性を認識してほしいということです。偏狭な関心は、重い依存を来します。依存は、それを失った場合に、大きな失望を伴います。幅広いことに興味をもって、いろいろな冒険をし、経験を積み、生きていく意味を様々な経験に求めましょう。

■辞めるということ

仕事を辞めることは、人生の中で重大な判断の一つです。退職には、「嫌だから辞める」「ステップアップする機会が見つかったので転職する」「自分あるいは家族の事情により辞めざるを得なくなった」、そして「命の危険に迫られて辞める」という四つの理由が多くの場合を占めます。

ステップアップ型の転職であれば、自らを信じてためらうこと

なく進むべきでしょう。しかし、自らの判断に責任をもち、失敗だったと悔やむことは厳禁です。良い意味で退路を断っておく決意が必要です。キャリア変更にはリスクを伴います。なぜなら、情報の非対称性があるからです。現在の仕事については内容や労働環境を含め熟知できているはずですが、新しい仕事については表面上の情報では炙り出されない問題が内包されている危険性もあります。しかし、このリスクを認識して進むことと、リスクを恐れて進まないことを比べれば、おそらく不作為の後悔のほうが大きいのではないでしょうか。

注意が必要なのは、最初と最後のケースの見極めです。「嫌だから」というのは、ブラック企業での過酷な労働条件で追い込まれる場合も当然含まれるでしょう。しかし絶対に、追い込まれてはいけません。仮に肉体的あるいは精神的に追い込まれた場合は、命の危険につながります。仕事の二面性で挙げた「コスト」ですが、精神的あるいは肉体的なダメージが最もコスト負担が大きいものです。このため、こうした状況を組織の適切な部署に訴えて、それでも改善が見られない場合は、辞めることを排除すべきではないと思います。われわれは幸福のために働いているのですから。

しかし一方で、忍耐は人生の中で重要な要素です。ですから、忍耐の欠如であるのか、それとも精神的あるいは肉体的な限界によるものであるのかをはっきりと見極める必要があります。

そこで、以下の五つの質問に自らの答えを出すことで、判断のヒントとしてください。

質問①：会社の組織全体が従業員の心と体の健康状態を害する体質であるか？

➡ 組織的風土の問題であれば、自らの努力で改善する余地なし

質問②：転勤などで事態が改善する可能性はあるか？

➡ 耐えがたい労働環境が現部署に起因するものであれば、異動希望や職場改善の訴えなどの善後策を講じるのが先

質問③：仕事の内容に不満なのか？

➡ 自分の能力を大きく下回る仕事内容であることで不満をもつ場合は、忍耐力の欠如による場合が多く、不満な仕事も後になれば貴重な意味合いをもつ場合が少なくない

質問④：人間関係からの問題か？

➡ まず、自分に原因がないかを客観的に分析する。嫌な上司はどの世界でも存在するので、転職でさらに悪い状況に直面する場合もある。相性の悪い人との関係から学ぶことも多い

質問⑤：家族などから心配されるくらいに心身が疲れている状況か？

➡ 追いつめられる過程にある可能性がある。ストレスチェックなどを通じ、自分の健康状態を確認するのが先決

私は、より高い目標やキャリア構築のための転職には大賛成です。転職にリスクはつきものですが、リスクを回避することで「機会コスト」が生じることも認識しておくべきです。しかし、忍耐不足や認識不足による退職は、追い込まれていく過程における決断や家庭などの事情を抱えた場合を除いて、嫌なことから逃げているに過ぎないと思います。

無駄と思われる仕事、劣悪な人間関係、きつい長時間労働など、世の中にはできれば逃げたい仕事が少なからず存在します。しかし、逃げ回ってばかりいても、成長は望めません。また、無駄と思われる単調な仕事も、後から振り返るときっと何らかの意味合いを見つけることができると思います。

第2章 判断と行動の基本原則

経済学からのヒント

■サンクコストで判断する

経済学の十大原則にほぼ必ず登場する「サンクコスト（埋没費用）」ですが、社会生活全般に、この考え方が適用できると思います。総工費１００億円のマンション建設を例として挙げれば、すでに費やしたコストが99億9千9百万円となった段階で致命的な構造欠陥が見つかり、修復困難となったとした場合の判断です。残りはわずか百万円なので、そのまま予定どおりに完成させ、悪いケースでは欠陥を隠蔽して販売するなどというケースもありますが、追加コストがたとえ10円であっても工事は中止すべきです。すでに使ってしまったコストは「サンクコスト」で取り戻すことはできません。追加コストは1円であったとしても損失を膨らませるだけです。人間心理では、すでに使ってしまったコストが頭から離れないため、過去のコストを正当化することがあります。

これに類似した判断ミスは、日常的に発生します。新商品の企画で9回のプレゼンテーション（プレゼン）を経てあと1回の重役会議で採択される直前に採算計算の過誤に気づく、アナリストが一定の前提に基づいて大幅増益の予想を行なって書いたレポートが大評判となった後に決定的な前提ミスが見つかった――、など様々です。このような場合、自分ひとりがミスや欠陥に気づき、他人が発見する可能性が低いと思われる状況では、意図的に無視してしまうか、無理に正当化して取り繕うような方向に心が動いてしまうことが少なくないと思います。

しかし、過去に費やした金銭的コスト、エネルギー、または世間からの高い評価などは、ある意味でサンクコストです。修正や修復ができればいいのですが、できない場合は潔く誤りを認めるべきです。私たちは、過去を生きているのではなく現在を生きています。現在の判断が将来にどうつながるかが重要なのです。

あきらめが肝心と言いますが、これは過去に費やしたコストや労力で回復が可能な場合にはスッパリと過去を切り離す思い切りが必要だということです。後悔は、心にマイナスの影響を及ぼすだけでなく、過去に自分を縛りつけることにもなります。後悔は、サンクコストを拡大するだけなのです。ですから、気持ちを切り替える習慣を身につけましょう。ただ、反省と後悔は違います。過去の過ちは、将来の成功に向けての材料として冷静にインプットすべきです。

部下や家族への叱責も同様です。回復が不可能な失敗であれば、重大性が大きいほど「なぜ、そんなことをやった?」と執拗に問いただすことが多いと思います。将来同じような過ちを繰り返さないためには、適度な責任追及や原因究明が必要です。しかし、「覆水盆に返らず」のような状況で、しつこく叱責を繰り返すことは逆効果です。善後策の検討に集中すべきです。

■限界で考える

先ほどのサンクコストの説明では、過去をむやみに振り返らず将来を見据えて現在の判断を行なうということを述べました。これは経済学で言うところの「限界」と「平均」の考え方に似ています。1枚2000円のピザを2枚平らげたところで、もう1枚注文すれば500円に値引きされるサービスがあったとします。満腹ですが、あと1枚は何とかぎりぎり食べられそうです。あと1枚食べて合計3枚にすると、1枚2000円から平均1500円に単価が下がる計算になりますが、食べるべきでしょうか?

その答えは、3枚目のピザがもたらす満足感（効用）がないのであれば、食べるべきではないでしょう。なぜなら、もう2枚は消化してしまい、コストも4000円支払ってしまっているからです。つまり、現在の判断は、もう1枚のピザの満足感（限界効用）を上回るコスト（限界費用）を比較するところで行ない、過

去の消費は無視すべきなのです。

アナリストも、この「限界」での判断でよくミスを犯します。例えば、過去20年間続けてきた決算分析レポートが近年はほとんど読まれていないことがわかったとします。「継続は力なり」と考え、このレポートを存続させるのも一つの判断です。しかし、レポートは読者のニーズがあって、はじめて輝きを放つものです。レポート発行の限界効用が限界費用を超えない限りは、やめる勇気をもって、そのエネルギーを再配分すべきでしょう。

■効用極大化の発想で時間管理する

経済学は、モノが有限であるという「希少性」が前提です。時間や資金が予算制約となり、人はそれを考えて選択します。その選択の目的は「しあわせ」という効用の極大化です。ビジネスパーソンの時間は常に限られています。時間制約下で処理すべき仕事量が、能力を超える場合が少なくありません。残業により予算制約線を引き上げることもできますが、そうすると、人生というもっと大きな予算制約の中での幸福感という効用が著しくダメージを受けてしまうことも意識すべきでしょう。

アナリストのような専門職には、かなりの時間的な自由度が与えられています。定時に帰ろうが朝方まで残業しようが自由です。その代わり、どんなに楽をしても、どんなに働いても、結果がすべてです。ですから、基本は自分の生活の中で「ここまで」という仕事の予算制約線を引くべきです。

ひとたび目標退社時刻を決めたら、後は仕事の優先（処理）順位を決めるだけです。これが「発想の順番の逆転」です。通常は仕事量があって、結果として何時まで働くかが決まりますが、その順番をひっくり返すと、以下のように見える世界が変わっていきます。

第一に、アナリストなどの専門職は仕事をしようと思えば、無尽蔵に取り組むことが膨らんでいきます。しかし、過労死しない程度の退社時刻を予算制約とすべきではなく、人生全体の効用の総量を考えながら、まず仕事に費やす時間の制約を設定すべきです。

第二に、仕事量から時間が決まると、能率が低下します。エンドが決まっていれば、普段以上に集中して仕事に取り組むことができます。

第三に、仕事の優先順位が可視化されます。仕事が多いと、つい目の前の仕事から取りかかる傾向になりますが、エンドが決まっていれば重要性と緊急性に応じて自然と順番が見えてきます。この良い面としては、エネルギーが豊富なうちに重要な仕事に取りかかれるということです。

■機会コストと行動の選択

選択することによって失われる他の選択肢の価値を「機会コスト」と言いますが、この概念を意識しながら生活することにより、効果的で効率的な仕事へとつながります。

私も、機会コストの意識を強くもちながら行動の選択を行ないました。多くのアナリストは、営業部門からのリクエストなどにより顧客とのディナー・ミーティングをこなすことが少なくありませんが、私は基本的にすべてお断りしていました。ディナー・ミーティングは、通アルコールを介しながら顧客との距離を縮める有効手段であるという側面もありますが、常のミーティングが最大1時間であるとすれば、その数倍の時間を費やすことになるということを私は問題視しました。その時間と、その他の業務に費やす時間、あるいはプライベートの時間の犠牲などを比較衡量した結果の判断です。

■ギャンブラーの誤りと投資の世界

行動経済学の中で仕事に応用している例をいくつか取り上げましょう。まずは「ギャンブラーの誤り」です。ギャンブルで負け続けているときに、次こそ勝つだろうと思うのが、この心理的効果です。コイントスで表が出続けた場合に、次こそ裏だと思うことがあります。コイントスの裏と表の確率はそれぞれ50％で、99回連続して表が出ればそろそろ裏だと考えても不自然ではありません。確かに、コイントスを何万回、何百万回と続ければ、「大数の法則」により50％の割合に近づきます。しかし、今回のコインの表・裏の出方と、次回のコインの出方は独立な確率事象ですので、片方が出続けても次の表・裏の確率が50％であることに変わりはありません。

株式相場の格言で「もうはまだなり、まだはもうなり」という言葉があります。株価が上昇を続ければ、「そろそろ下がるのでは？」と思っても不思議ではありません。しかし、株価の局面がいつ変化するのかを正確に予想することは至難の業です。

アナリストならずとも、一般の会社でもこうしたことはあると思います。事業戦略を練るときに、思い込みは危険です。もちろん、インスピレーションは大切なのですが、こうした直感とギャンブラーの誤りのような心理作用は峻別して捉えるべきでしょう。

■認知的不協和と強弁

自信家ほど持論を曲げることを嫌います。この行動心理が、ときとして大きな判断ミスにつながります。「認知的不協和」とは、判断ミスを認識したときの不快感を指す心理学用語ですが、この状況に陥ると、軌道修正するのではなく詭弁を弄して誤った判断を正当化する場合があります。

第二次安倍政権の発足後、経済活動も株価も好調に推移しました。このとき、株式投資を見送る判断をした人がいるとします。この人は株価がどんどん上がっていく状況を眺めながら、「アベノミクスはひどい政策なので、いまだけだ」と自らの判断を正当化するようなことも認知的不協和の一例です。

認知的不協和は、過去の判断に縛られて客観的な判断ができない状況をつくりだします。この判断ミスは、すでに述べた「サンクコスト」などとも共通する心理的作用です。常に自らの判断に関しては、客観性をもってレビューすることが大切です。私もアナリスト時代に、投資判断を外したことは当てたことよりも多く、何度投資家の皆さんにお詫びしたかわかりません。過去の判断の呪縛は、現在そして将来の判断を誤った方向へと導きます。クールマインド&ホットハートの姿勢が必要です。

■代表性バイアスに騙されない

情報化社会の中で、あふれる情報の中から適切な判断をするのはとても難しいことです。そのため、物事の判断を行なうとき、ありがちな性質をほかのことにも当てはめてしまい、失敗するケースがしばしばあります。このように、代表的な事例を基準にして、それを判断の中心とすることを「代表性バイアス」と言います。この代表性バイアスによって、代表的な事例から直感的に判断することで、脳にかかる負担を抑えようとしています。

例えば、テレビＣＭを頻繁に流している会社は、資金に余裕があり優良な会社だと思うようなケースです。投資の世界でも同じです。多額の利益を稼いでいた会社が、黒字倒産するような例です。利益が大きければ健全性が高いと考えても不思議ではありません。しかし、ビジネス拡大を焦って、資金繰りで破たんしてしまうこともあるのです。

人間には先入観という観念が必ず存在しており、それが適切な判断を阻害する場合があります。イメージに流されず、きちんとした分析を行なうことが正しい判断につながることを認識しておきましょう。

■フレーミング効果と心の座標軸

「フレーミング効果」は、心理学でよく引き合いに出される心理特性です。簡単に説明すれば、コップ半分の水を、「まだ半分残っている」と考えるのか、「もう半分なくなった」と考えるかということです。

これは、判断の基準をどこに置くかという「心の座標軸」の問題です。コップに水が満たされている状況が基準であれば、「もう半分なくなった」というネガティブな捉え方になりますし、コップが空であることが基準になっていれば、「半分もある」というポジティブな印象を与えます。

このフレーミング効果は、仕事をするときの時間管理にも使えます。例えば、期限の定められた仕事に取り組んでいるときに、「あと1時間しかない」と考えるか「まだ1時間もある」と考えるかによって作業効率に違いがもたらされるというものです。後者は楽観的な考え方のため、のんびり作業を進めることにつながる一方、前者であればいかに早く処理するかを考えながら作業に取り組むことになるでしょう。

作業効率については、より悲観的な捉え方を引き出す基準点を自らの座標軸に置くことが望ましいのですが、他の多くのケースでは、基準点をより低いところに置くべきであると考えます。この点は次節でも述べますが、基準点が低ければ与えられた結果をより満足感をもって受け止めることができ、幸福感を増やすことが可能となります。同時に、多くの人やモノへの感謝の気持ちを抱きやすくなります。

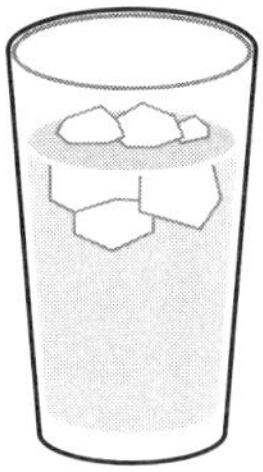

オフィスでは、清掃員がゴミを片づけてくれます。「それが彼らの仕事であるから当たり前だ」という目線で見る限りは、心のこもった「ありがとう」という感謝の言葉は出てきません。こうした人々がいないことを前提とすれば、清潔な環境で仕事ができることを感謝せずにはいられないでしょう。

私もアナリスト時代に、アシスタントがデータ入力などを担ってくれたおかげで、随分助けられました。こうした業務がアシスタント固有の当然の職務であるという考え方のもとには、心のこもった感謝の気持ちは出てきません。私はいつも自分がデータ処理をすることを想像しながら、自分を支えてくれる人に対する多くの感謝を実感してきました。

心の作用

■受容力を磨く

前節では、経済学の考え方をビジネスに活かすことを述べましたが、この節では心の作用に基づく仕事や人生との向き合い方を示していきたいと思います。

ビジネス、プライベートに関係なく「生きやすく」する重要な能力は、「受容力」であると思います。受容力とは、与えられた状況を受け止めて昇華させる力です。仕事にイレギュラーな事態はつきものです。私は、いかなる状況にあっても不運を嘆くことなく、その境遇は自分の人生に何らかの意味合いをもつものであると考えるようにしています。

私はアナリスト時代、年6回以上のペースで海外投資家の訪問を行なっていました。ロンドンを皮切りにニューヨーク、ボストン、サンフランシスコを巡るグローバルツアーを行なったときのことです。初日の晩にバスルームで転倒して背中を強打してしまい、しばらく動けませんでした。このとき、まず考えたのは救急車を呼ぶべきかどうかで、その緊急性がな

図表3　受容力のイメージ

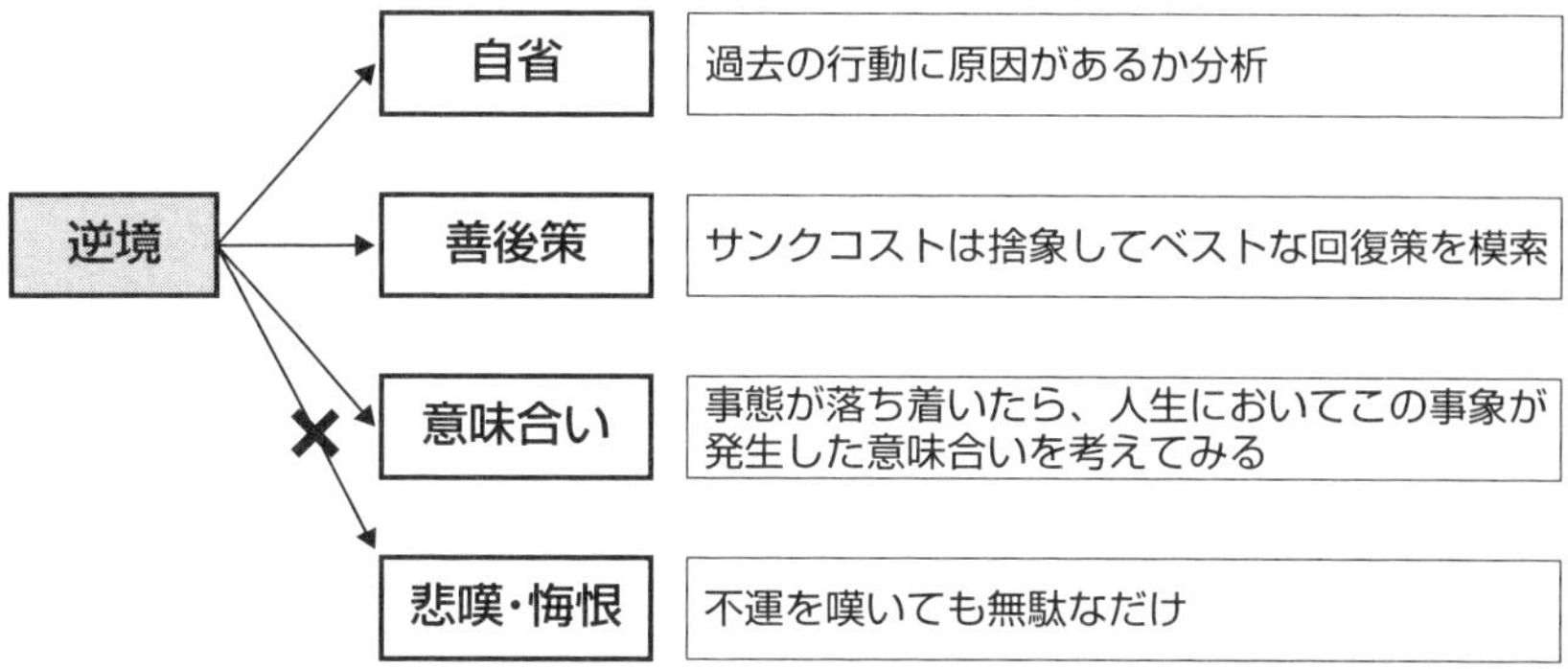

いと判断しました。次に、翌日の投資家訪問が可能かを考えました。イギリスからアメリカへの移動などを自分で判断することはリスクであると考え、インターネットで調べて翌朝に行く病院を探しました。それと同時にメールで営業担当に事情を報告し、午前中のミーティングをキャンセルしてもらいました。また、午後に関しても医師の診断次第ではキャンセルの可能性を示唆しておきました。結果的に肋骨にヒビが入っているものの、痛みが大きくなければツアーを続けても良いとの診断でした。コルセットと痛み止めを処方してもらって、その日の午後のスケジュールを消化し、それ以降の日程も予定どおりこなすことができました。

　このように不運な出来事に見舞われても、その現場で不運を恨んだり嘆いたりする暇があれば、自らの状況を分析し、善後策を冷静に検討するなど、状況を良い方向に向かわせる近道を模索するべきです。このロンドンでケガを負った際、ようやく起き上がれた後に私が最初に考えたのは、「頭を打つなどの深刻な状況でなく幸運だった」ということで、むしろ感謝の気持ちすらもつことができました。このため、逆境にもかかわらず、精神的なダメージも軽くすることができました。

受容力を高めるには、経験を通した鍛錬が必要です。与えられた環境を冷静に受け止め、状況を改善する行動をいち早く取る能力が、ビジネス上だけでなく通常の生活の中でも非常に重要となることは理解いただけると思います。この受容力を鍛えるということの延長線上には、嫌なことから逃げない、困難を遠ざけないという覚悟も必要です。困難には、人を成長させる秘密の薬が含まれています。人を困らせることが、人の知恵を刺激して学びや成長を促すのです。余談ですが、最近は私たちの周りには抗菌性の商品や抗生物質があふれています。清潔にすることや病気の症状緩和も大事ですが、菌に触れながら人間の抵抗力が高まってきた歴史も考慮すべきでしょう。

最後に、少々極端な例を取り上げたいと思います。浄土宗の祖である法然《ほうねん》上人の出家にまつわる話です注。

法然上人の父上は、押領使《おうりょうし》という警察司令官のような立場にいました。その父が、ある晩、夜討ちに合い瀕死の床にありました。亡くなる間際、「敵を恨むな。これも前世の約束事。お前が復讐すれば、争いは永遠に絶えぬ。出家して私の菩提を弔い、解脱《げだつ》を求めよ」と法然上人に言い残したというのです。

洋の東西を問わず、憎しみの連鎖はいつの時代も悲しみを拡散させます。悲しみの連鎖を自分のところで留めようとする心は、尊いものです。

注：法然上人の出家秘話、大晦日詣（本書47ページ）などは、京都文教大学学長の平岡聡先生が著した『心がすぅーっと軽くなる　ブッダの処世術』（ワニブックス、2016年）から学んだことです。もし、これらの話に関心があれば、同書をご一読されると良いと思います。

自らが命を奪われようという極限状態にあっても、これだけの受容心がもてるということは、常人では難しいでしょう。しかし、ことの軽重はあっても、望ましくない状況を乗り越えるためには、受け止める力を蓄えることが何より大切だと思います。

■期待操作術を駆使する

前の行動経済学のところでも、「心の座標軸」という話をしました。繰り返しになりますが、人は幸福感を感じる場合には絶対的な価値の感覚がないため、必ず何かと比較しながら満足し、あるいは不愉快な思いをします。昨日の自分と比べる、隣の人と比べる——。いろいろと比較対象はあるでしょう。しかし、最も多く比較の対象となるのは「期待値」です。

人は事前に期待していたことよりも結果が良ければ喜びますし、悪ければ残念な思いを抱きます。仕事や生活の中で、この期待値をコントロールすることで、自分や他人の幸福感を操作することもできますし、同じ結果であっても評価を高めることさえ可能です。これを「エクスペクテーション・コントロール」と言います。この顧客の期待値を操作する方法論は、コンサルティングなどのビジネスの場でもしばしば使われます。

まず、この方法を自らに用いることが大切です。なぜなら、自分を一義的にしあわせにする存在は自分自身だからです。将来の不確実性が1%でもあれば、これはいつでも使えます。例えば、資格試験を受けて手ごたえは感じたが、不合格になるだろうと信じておく。ボーナスは、業績不振なので出ないだろうと考えておく。転勤先の職場は、性格の良くない人ばかりで暗い雰囲気だろうと予想しておく。人気アナリストランキングで、今年は順位が下がる

図表4　期待値と結果

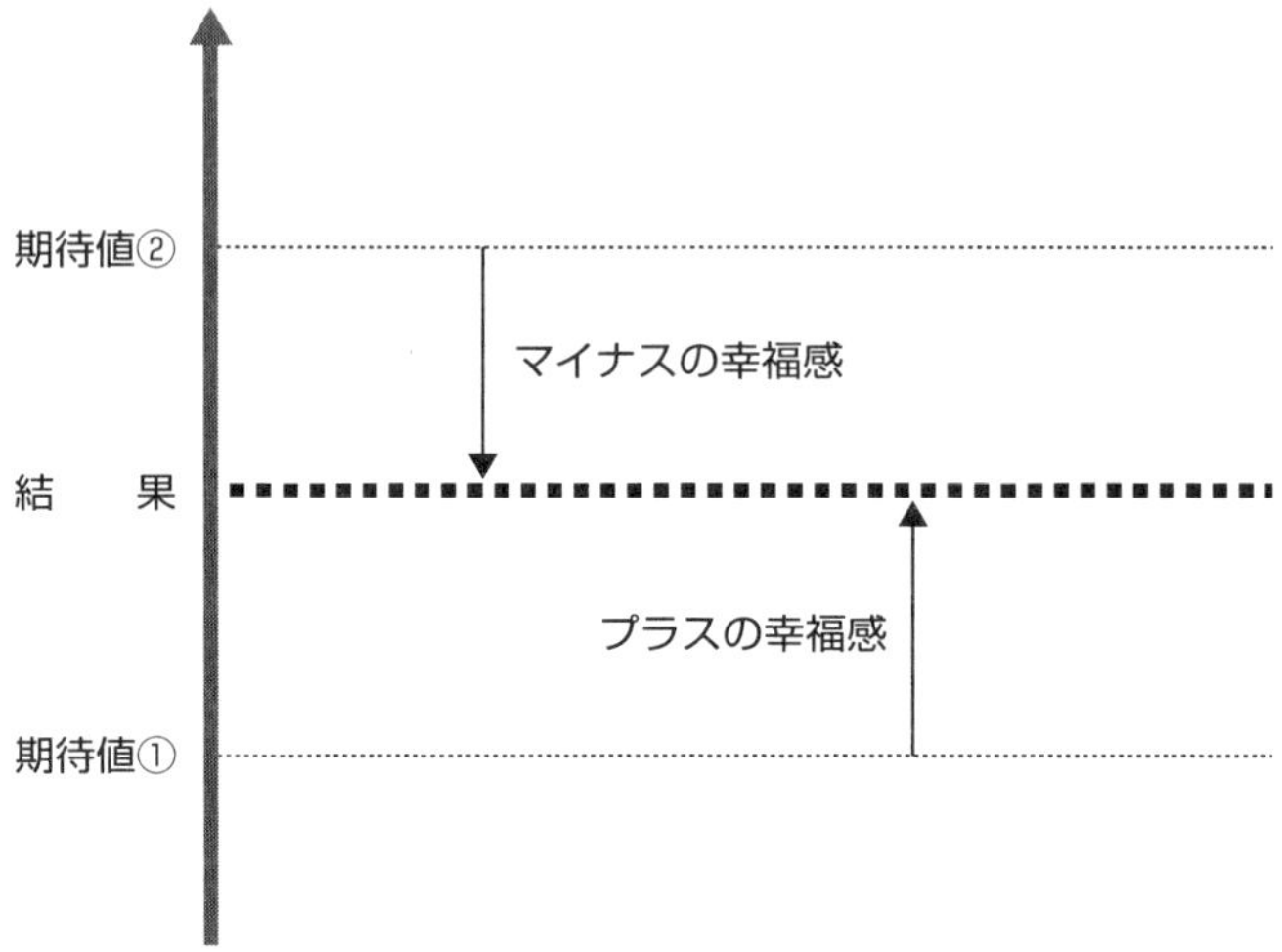

だろうと考えておく――。このように、期待値を下げておくことによって、多くのケースで幸福感を得ることができます。同じ結果であっても、幸福感を感じたほうが良いに決まっています。

次に、ほかの人に対しても活用しましょう。妻に、ボーナスは出ないかもしれないと伝えておく。上司に、今回のディール（取引）は他社が有利に動いているようだと報告しておく。顧客に、今回のファイナンスは、日本に対する投資家の見通しが暗く難しさが伴うだろうという見通しを述べておく――。家庭内においても、社内においても、あるいは対顧客においても、こうした期待値の操作はときとして重要な効果を発揮します。

それだけではありません。期待値を下げるトレーニングを積んでおくと、リスク管理にも能力が発揮できるようになります。悪い言い方をすれば、この操作のミソは「暗い見通し」を考えることにあります。このため、不確実性が伴うビジネスの現場においては、最悪の想定を積み上げることが可能となり、コンティンジェンシープラン（緊急時対応計画）を有効な形で準備しておくことができるでしょう。

生きていく中で、希望をもつということと、期待するということは同じであると考えがちです。しかし、希望は願いであり、期待は確率論的に最も出やすい結果を表しています。「希望をもつな」とは言っていません。「期待はするな」ということです。これは平和な家庭生活にも役立ちます。

■行為の座標軸と感謝の効用

感謝は、しあわせに直結します。ただし、感謝は儀礼的に行なうべきものではなく、心の底からわき出るものでなければ、相手の心に響くことは少ないと思います。そのための心構えの工夫としては、ゼロベースの気持ちをもつことです。つまり、「当たり前である」という考え方を心から排除することです。

通勤電車が事故などで遅延する場合は、予定が狂うだけではなく、混雑で不快感が膨らみます。そこには、電車は時間どおりに運行されることを当然と考える気持ちの前提があります。滞りもなく運行されていることに日々感謝していれば、遅延などでのストレスも抑えられます。

これは、前節で紹介した「フレーミング効果」で考えることができます。データエントリーを正確に行なってくれるアシスタントに感謝し、読みにくいアナリスト・レポートをきちんとチェックして編集あるいは翻訳してくれるプロダクションチームに感謝することはとても大切です。特に、縁の下の力持ちの人々にこそ、多くの「ありがとう」という感謝の気持ちを捧げるべきだと思います。そういう人々の名前はレポートにもどこにも出てきませんが、そうした人々が嫌な顔をせず、ひたすらまじめに取り組んでくれるおかげでアナリストは存在できるのです。

そういった感謝の気持ちは、言葉にしなくても見えない作用が働くことを忘れないでください。日常的な人との接し方、何か不規則な事態がもち上がったときの向き合い方、動作や言動に、あなたの感謝の有無が出てきてしまうものです。まずは、世の中に、自分が感じている以上に、非常に数多くの人が自分を支えてくれていることを認識するべきです。自分がいま、ここにいて呼吸できていることすらも、感謝の気持ちをもつようにしましょう。

ここまでは、自分が意識あるいは無意識のうちに受けている恩恵に対する謝意について述べました。もう一つ重要なことは、自らが他人に対して利することに関しても感謝の気持ちを忘れないことです。つまり、人に対して「してあげる」という考えをもたないこと、そして「させていただく機会」を得られたことに感謝することが大切です。

典型的な例は、人を助ける行ないです。電車で席を譲る。道に迷っている様子の外国人に声をかける。駅の階段でベビーカーを運ぶ――。これらは善行です。このとき「席を譲ってあげた」という気持ちがあると、無意識のうちに相手から御礼の言葉を求めてしまいます。しかし、本当に辛い人は御礼を言う余裕すらない場合があります。人のために行なう行為というのは、ビジネスのように人から依頼された場合はともかくとして、基本的に見返りを求めるべきではないと思います。むしろ、人のために何かができたことをありがたく受け止めるべきです。

私も以前は、「してあげる」と思うことが多かったのですが、最近は心を入れ替えて人の利益に貢献できたことに感謝を覚えます。良い行ないをすると、爽快感が得られます。それは、ドーパミンという脳内快感物質の分泌によるものだそうです。『利他学』（新潮社、2011年）の著者である小田亮さんによると、人類の遺伝子は助け合いの精神を生むことで世界の繁栄を持続させるように設計されている、ということです。ですから、私も人助けをしたときには、ドーパミンの分泌を促してくれた相手に御礼を言いたいくらいです。

ビジネスでは、社内的に人のために時間を費やすことが多いと思います。また、顧客のためにかなりのエネルギーを注ぎます。もちろん、仕事だから当たり前なのですが、ほかの人に感謝を求める気持ちを心から追い出しましょう。そうした気持ちは、感謝されて当たり前、されなければ憤慨するという、ゼロかマイナスの副産物を生むだけです。

もう一つ感謝の話題を紹介します。京都文教大学の平岡聡学長は著書『心がすぅーっと軽くなる　ブッダの処世術』の中で「初詣より大晦日詣をすべき」と述べておられましたが、私もまったく同感で年末には神社仏閣に御礼詣を常としています。私が住んでいる京都は有名な寺社が多いのですが、「○○のご利益《りやく》があるからあの神社にお参りしよう」という言葉をよく耳にします。悩みを抱えている人や強い願望をもっている人が、神様や仏様に願いと祈りを捧げるのはもっともです。ただ、私は何よりもこれまでの人生における一つひとつのお導きを感謝しています。1年を一区切りとすれば年末の御礼詣は、やはり欠かせません。

■煩悩と執着

最後に、欲について人生と仕事の視点から考えてみましょう。人間は、生まれながらにして様々な欲を抱えながら生活しています。仏教でも多くの宗派では欲（＝煩悩）はなくしていくべき存在とされています。この欲や煩悩のもととなるのが執着心です。仏教では、人生は生老病死に起因する苦であるとされています。この意味は、若さへの執着が老いによる苦をもたらし、健康でいることへの執着が病からの苦をもたらし、そして生への執着が死を究極的な苦たらしめるということです。したがって、執着を取り除けば、苦から解放されるということです。

ただ、私の人生観では、ある程度の欲は必要で、大切なのは「煩悩と無欲のバランスをもつ」ことだと考えます。欲はインセンティブと表裏一体です。欲を切り離していくと、成長や人生の経験による充実への意「欲」が損なわれていきます。やはり、ほどほどの煩悩は必要だと思います。

例えば、自動車好きの人ならば、20代でマセラティを買うという欲をもって、これに執着することで苦しい仕事を乗り越えることができるかもしれません。アナリスト志望者や現役のアナリストならば、トップアナリストになることをインセンティブとしてがんばることもできるでしょう。

しかし、ここで忘れてはいけないのは「ほどほど」であるということです。煩悩を跡形もなく消し去ることでもなく、煩悩にまみれることでもなく、中道こそが大人の発想だと思います。会社における地位への執着が無益な社内闘争を生み、あるいは燃費偽装や粉飾決算にまで手を染めさせてしまう。高級マンションや高級車を買いそろえて高い生活水準に執着することで、キャリアの持続性に関する判断を誤らせてしまう。好きな相手への執着がストーカーを生んでしまう――。ビジネスのうえでも、プライベートでもいろいろな場面で、執拗に執着することで身を滅ぼすことがあります。ほどほど、中道の意味するところについて仕事をしながら、生活をしながら考えていきましょう。

さて、いよいよ次章以降で、精神論を離れての実践的なテクニックについて解説していきます。

第3章
一流と呼ばれるビジネススキル

効率性を高める仕事術

■時間管理の技法

① 前さばきはしっかり

時間は有限です。そのため、仕事とプライベートの関係がゼロサムゲームとなるので、まず心がけたいのは「前さばき」です。

第一に、自分が取り組むべき仕事かどうかを峻別することです。仕事ができて頼りにされるのは良いのですが、自分がやらなくてもいい仕事をすることで自らの本来の仕事のクォリティを低下させてしまうことがあります。何でもホイホイと請け負うのが、できる人間ではありません。ほかの部署や担当が行なうべき業務であれば、そちらに誘導すべきです。私もアナリストのときに、海外規制に関する調査を他部署から依頼されましたが、海外の同僚を紹介し（私の名前を出してもいいから、と言い添えて）直接依頼するように誘導しました。時間的に余裕があれば私が依頼しても良かったのですが、時間的制約があり、そうした判断となりました。

第二に、処理可能かどうかの判断です。能力、時間、ならびにその他の資源に照らして、「完全に対応可能」「極めて困難」「取りかからないとわからないもの」の三つに分類します。極めて困難であるものに関しては、きちんとした理由を添えて断るべきです。なぜなら、請け負ってから「やっぱりできません」ということになると、依頼者に対してほかの手段を探す時間を失わせることになるからです。最初に断るのも親切ということです。そして、可能かどうかの判断がつきにくいものに関しては、できない可能性を依頼者に認識させる必要があります。前の「エクスペクテーション・コントロール」のところでも触れましたが、相手に過大な期待を抱かせないことが重要です。

第三に、仕事を請け負うと同時に他部門・他社などのサポートが必要かどうかの判断を行ない、瞬時に業務依頼を行なうことです。ゆっくり考えてから「これは○○部にお願いしないとデータがそろわない」ということになると、依頼するまでの時間が自分にとっても依頼者にとってもロスとなります。自分が仕事の責任を負った瞬間に、自分が有している知見や資源で対応可能か、リソースをほかに仰がなければならないかを考え、リードタイムを短くしてすぐに依頼しましょう。私も顧客である投資家から様々なリクエストを受けましたが、受けてから10分以内には世界中の仲間に協力の要請をしました。仕事というのは、抱えていても温まる（片づく）わけではありません。

第四に、右記の業務依頼を行なった場合の進捗管理です。催促と受け取られない程度に、やんわりと納期を再確認するだけで、依頼先に対するある程度の規律づけができます。

②　ToDoリストをカテゴリー別に作成

やらなければならない仕事や業務上の手続きは、失念してしまうと信用と信頼を傷つけてしまいます。クリアしなければならないリストを「ToDoリスト」と言いますが、この機能を日常的にSNSなどでも使われた人は多いと思います。会社でよく使われているマイクロソフトの「アウトルック（Outlook）」などにも、この機能が付いています。

ただ、私はアナログな人間なので、小さな付箋にメモ書きしていました。処理すべき仕事が完了するたびに、その小さなメモ書きのリストを消していきます。仕事を終えて、そのリストを消す瞬間に快感を覚えました。電子的に消去するよりも、リアルに仕事の達成感が生まれます。

さらに、このToDoリストはカテゴリー別に分けると、より効果を発揮します。私の場合は、「長期的な課題」「イベント」「リクエスト」「ルーティン」に分けていました。

「長期的な課題」は、必ずしも絶対クリアしなければならない仕事ではないので、時間的な余裕が出たときにこの課題を見ながら思索にふけることが多かったように思います。アナリストとして長期的な構造問題を扱ったようなレポート構想が、ここに入りました。

「イベント」には、日程が決まっている会議、セミナー、講演などが入ります。こうしたイベントは、一般企業の場合でも顧客向けセミナーやプレゼンなどが該当すると思います。私の場合は、社内外の講演などが主にこのカテゴリーを占めていました。このイベントのためには資料作成をはじめとする周到な準備が欠かせないため、スケジュール表とリンクさせながら進める必要があります。

「リクエスト」では、顧客や社内他部署からの要望が主たる案件です。時限性のあるものとないものがあるため、標記を工夫すると良いと思います。例えば、期限を記載する、期限に応じて色分けするなどです。

「ルーティン」には、決まりごとの仕事の中でも時限性があり、ある程度手がかかる仕事が入ります。アナリスト時代は、決算発表が終わって調査対象企業の利益予想モデルを更新する作業などをここに入れていました。

③ イベントやリクエストの納期から逆算した業務管理

仕事の基本は「逆算」にあります。リスク管理上、ある程度の余裕をもった逆算での日程管理を行なうことが大切です。通常1週間程度で完了できるはずの仕事が、出張やほかの仕事との重複などにより長期化することもあります。また、あらかじめ想定していなかった業務が入ることも少なからずあります。一つの仕事のプロセスに、複数の人が関わるようなときは特に注意しましょう。

例えば、アナリストがレポートを書くときは、書けば完了というわけではありません。日本語での編集、翻訳、コンプライアンス上のチェックなどを経てようやく日の目を見るのです。特に、ほかのアナリストのレポートの発行状況によっては、それらに長期間を要することもあります。そこで事前に、かつ周到に混雑状況を担当者に聞きながらリードタイムの必要性を確認しなければいけません。

追い込まれた中での仕事というのは、クォリティを上げるのが難しいことに加え、ミスの確率が上昇することにつながります。ほかから要請された納期や、自らがターゲットとする目標期日から逆算することが大切であり、基本です。また、スケジュールを逆算する中では、ほかの関連するセクションのプロセスを十分に踏まえる必要があります。周りに気を配ることは、自分を守ることにも通じます。

自分本位でマイペースに行なう仕事は、他人から執拗に催促される仕事よりも充実感があり、仕事の効用を引き上げ、仕事上の心のコストを減らす効果があることを十分に認識しておきましょう。

④ スケジュール管理は3Dで

以上に加えて、もう一つ工夫を追加するとすれば、3D的なスケジュール管理です。一般的にスケジュール表やTo Doリストは、手書きか電子媒体かに関係なく単色（通常は黒色）で作成されることが多いはずです。この場合、ある程度意識しない限り、重要性や業務負担の大きさを比較するのが難しいと思います。

そこで、色を使い分けするだけで、2次元から3次元へとディメンションアップできます。重要度の高いものを目立つ色、業務負担の重いものをアンダーラインなどで表現することで、単調なスケジュール表に濃淡をつけることが容易になります。

この管理方法は、大きなスケジュールミスを防ぐ意味で有効です。重要で相応に手がかかる仕事がほかの瑣末な作業の日程に埋もれてしまい、直前になって慌てることもあると思いますが、このような少しの工夫でそのリスクを低減できると思います。

⑤ 時間単位のコスト管理

次に、時間のコスト管理です。「時は金なり」の格言のとおり、被雇用者の時間は雇用者のコストです。自分が費やす1時間が金銭的にどの程度のコストかを意識している人は、時間給のアルバイトやパートタイマーを除けば、意外に少ないと思います。

時間単位のコストを意識することで、仕事への向き合い方も変わります。多少の残業を勘案して、時給を計算してみてください。1日10時間労働で月220時間、年間報酬（税などの控除前）の月割りが55万円とすれば時給は2500円、月割りが220万円なら時給は1万円となります。もちろん仕事のメリハリも大切で、ほっと一息をつく瞬間も必要なのですが、たまには自分が費やした時間とそのコストとの関係を振り返る必要もあるのではないかと思います。

同僚との会話も協調性や職場における人間関係を維持・向上させるうえで大切なのですが、それに投入する時間が度を過ぎると、自分ばかりでなく相手のコストも浪費させることとなります。有益な会話と無益な無駄話についても、ときどきレビューしましょう。

⑥ 前日シミュレーション

職種によって、あるいは日によって、ルーティン主体の1日を過ごすことも少なくはないのですが、予定がタイトな場合は頭の中で1日の行動シミュレーションを行なうことをお勧めします。

アナリストにとって、複数の顧客訪問と企業取材を1日で行なうような、日程が複雑になるケースは日常茶飯事です。そこで、朝から夜までの日程について、前日ないしは当日早朝に時間や場所、注意点などのシミュレーションを行なえば、時間のロスや無用な遅れを回避することができます。そのシミュレーションの中で、定められた時刻に遅れるリスクが感じられた場合は、事前に相手方にそのリスクを伝えるだけで相手の印象も大きく変わるでしょう。

私も、海外における投資家訪問の日程に入る前に、あらかじめグーグルマップを眺めながら、現地での行動スケジュールをシミュレーションすることにしていました。特にフライトを挟んだ複数都市への訪問の際は、事前に営業担当を通じてフライト遅延などのウォーニングをしておきました。

■空間管理の技法

① クリーンデスク&クリーンルーム

アナリストと大学教授の視覚的な共通点は何でしょうか？

それは机や仕事部屋が雑然としていることです。書類や書籍は積み上げられ、床にも資料が散乱し、パソコンのキーボードとマウスの部分がきわどく顔を出している程度のイメージでしょうか？

確かにアナリスト時代の同僚の仕事用スペースは、例えば食品アナリストであればカップラーメン・サンプルをはじめとして、資料や私物の塊に占拠されているだけでなく、〝領海線〟を越えてアシスタントなど、ほかの人のスペースまで侵食する光景をよく目にしました。私がアナリストとして最も長く勤務したシティグループでは、シニアアナリストに個室が与えられていたのですが、部屋によっては酸欠に陥りそうなアナリストの部屋も存在していました。なお、現在の大学もほかの先生方の研究室を訪ねると、アナリスト以上に「汚部屋」空間となっていることがあります。

資料がどこにあるか、すべて把握していて瞬時に取り出せるような、トランプの神経衰弱や小倉百人一首の名手であればいいのですが、そういった才能はまた別のところで発揮すべきでしょう。整理整頓は、仕事上の効率性を向上させる基本中の基本です。以前聞いた話なのですが、ある会社が仕事の能率を上げる目的でコンサルティングを依頼したところ、コンサルタントが社員のデスク上のものをすべて床に払い落とし、どうしても机上に置かなければ仕事ができないもののみを拾い上げるように指示したという逸話があります。クリーンデスクにすると、どんな良いことがあるのでしょうか？

第一に、集中力が上がります。余計なものが視野に入らないだけでも、取り組んでいる仕事に集中できます。

第二に、作業効率が上がります。プロジェクトなどによっては、複数の資料を見ながらの分析や調査が必要となりますが、必要な資料のみを机上に広げられるため作業の能率だけでなく、質も引き上げられる期待がもてます。

第三に、重要な資料の散逸を防ぎます。重要資料が他の資料の中に紛れ込むなどにより紛失してしまえば、それ自体が大きなダメージなのですが、仮に見つかったとしても探す労力を費やし貴重な時間を失います。

第四に、清潔さが運を招くと言われています。スピリチュアルな発想のようですが、個人的な経験則から確かにこれはあると思います。

私は「転職しても（あるいはクビになっても）1時間以内に荷造りが可能となる」ことを目指して空間管理をしていました。机の上には、アナリスト時代も現在の教員生活でもパソコンと電話が置かれているだけで、あとは仕事のクォリティを上げるための癒しグッズ（アロマディフューザーと家族の写真、そしてドラえもん人形）が少々あるだけです。

では、どうすればすっきりした机、すっきりした部屋を実現・維持できるのでしょうか？

② ペーパーレスが基本

多くの場合、資料は紙です。どのような業務に携わっていても、仕事をしていけば紙は増殖します。アナリストなどは最たるもので、四半期決算報告制度によって1年間に4回も会社の決算があるものですから、担当している企業の決算資料、そして説明会などで用意される付随資料というように、紙は幾何級数的に増えていきます。また、本業の仕事以外でも、人事関連やコンプライアンス関係などの資料がことあるごとに加わります。よせばいいのに、メールで送られた資料を印刷して紙として読まないと気がすまない人も存在しています。
その昔、ファイリング技術を磨くことで、何がどこにあるかを把握しやすくして、仕事の効率性を向上させる仕事術がノウハウ本によく書かれていました。確かに、机や床に会社説明資料やアニュアルレポートなどをうずたかく積み上げるよりは、背表紙を色や文字で工夫したファイリングのほうが、まだマシです。しかし、果たしてファイリングした資料をどの程度将来的に活用するでしょうか？

私もアナリストになりたてのときはファイリングこそ命で、いかにわかりやすく分類するかにエネルギーを注いでいましたが、オフィスの引越しで所有物の見直しをしていくときに、複数回使用したことのある資料がいかに少ないかに気づかされました。それは、資料にあるような情報を使わないのではなく、ファイルからよりも手っ取り早くインターネットから情報を入手してそれを参照することが多かったためです。

そこで、私は大々的な所有物のリストラ（最近でいう断捨離のイメージ）に着手しました。その結果、不安になるほど自分が管理する資料が少なくなりました。

ペーパーレス、資料の圧縮の一つの解決策は、ＰＤＦのフル活用です。この管理方法は、後ろの項目で述べる「データ管理」と連動しています。インターネットを活用して資料をダウンロードして、それをＰＤＦファイルとして保存するのが最もオーソドックスな方法です。しかし、場合によっては紙ベースでしか資料が手に入らない場合があります。そうしたケースにおいても、コピー機によってＰＤＦ化はできますので、紙の資料は捨てて電子データだけを残せばいいのです。あとは、後ほどデータ管理で説明する「フォルダーの整理法」を実行するのみです。

PDFではなく、資料が掲載されているインターネット上のURLのリンケージを保存することでも代替はできます。しかし、会社によってはホームページ上の資料格納場所を変更する場合があるので、URLによる管理は万能とは言えません。

ちなみに、私はアナリストとして決算分析を行なう場合、決算発表日に出される決算短信や補足資料などを印刷せずに、パソコンの画面上で表示しながら分析を行なっていました。そうすれば、地球上の資源を無駄にすることはありません。

③　周りへの気配り

仕事術というよりは、蛇足に近い話になりますが、空間の管理は会社で働く同僚への配慮にもつながります。経済学では、企業などが経済活動を行なうのに付随して発生させる公害などを「外部不経済」、あるいは「負の外部性」と言います。職場も同じです。自分の空間を整えておけば、周りの同僚に対してマイナスの影響を与えることを避けることができます。

書類の山の上に埃が渦巻いていたら、誰だって良い気分では仕事ができません。極端な話ですが、権利意識の強いスタッフが多い外資系企業などでは持病のアトピーが悪化したとかで訴訟さえ起こされかねません。

空間の管理の中には、騒音なども含まれます。地声の大きい人がいることも事実ですが、電話やデスクでの会話に多少の配慮をするのが良いでしょう。

■メール管理の技法

①　受信箱ゼロのすすめ

会社から与えられているメールのアカウントは、使い方次第で仕事の効率を向上させ、かつ顧客対応を円滑に運営するための重要な武器となります。これから説明するテクニックや指針はとても簡単ですが、徹底するとなると意外と難しいと感じられると思います。ただ、実践できれば、従来に比べて目覚しく効率性や仕事の質を引き上げるのに役立つと思います。

まずは、「受信箱ゼロ」をお勧めします。会社のアプリケーションがマイクロソフトの「アウトルック」を使っているにせよ、グーグルの「Gメール」を使っているにせよ、メールソフトの基本的なフォルダーの構造は、受信箱、送信箱、その他であると思います。その中でも大活躍するのが受信箱です。いまでこそ大学のアカウントで受け取るメールは1日に20件程度ですが、アナリスト時代はその10～20倍のメールを受信していました。様々な証券会社からレポートなどを受け取る機関投資家に至っては、多いときには1日千件近くの受信があるでしょう。

アナリストばかりでなく、証券会社の営業担当などのメールボックスを見たことがありますが、受信箱は常時、多数のメールであふれかえっている人がほとんどです。既読か未読かは、受信メール一覧のタイトルが太字（未読）か細字（既読）かなどでわかるため、メール自体を見損なうリスクはさほど大きくないと思いますが、重要なメールかどうかの判断力は受信箱に入っているメールの量に応じて低下していくはずです。

このため、私はメール管理に関しても空間管理と同様に、容赦なく削除するようになりました。いまもアナリスト時代も、私のメールボックスの中は受信箱・送信箱ともにゼロないしは、あってもごく少数のメールのみとなっています。

受信箱などにメールを残さないメリットは、メールの重要性を瞬時に判断できること、これから行なうべきタスクへの瞬発力を高めることです。新規で受信したメールは一目瞭然ですし、わずかに残っている既読メールに関しても重要かつ返信などに作業余地があるから削除されずに存在していることがわかりますので、必然的に優先順位をつけやすくなります。

削除してしまった場合、後で必要となったときに修復が難しいケースが出てきますが、絶対に使わないと判断できるものは削除して、少しでも参照する可能性はあっても重要性が極めて低いメールに関しては、1週間程度保存するフォルダーをつくっておき、そこに暫定的に保管することをお勧めします。

また、証券会社などでは監督当局による検査が定期・不定期に実施されますが、特に金融庁や証券取引等監視委員会による検査の際はメールの削除が禁止されることがあります。私はその場合、「検査用」フォルダーを作成し、そこに普段であれば削除してしまうメールを移して期間中のみ残すようにしていました。

さて、削除のことばかり述べましたが、受信箱ゼロを達成するために最も有効な方法は目的別フォルダーの活用です。

② 送受信メールの目的別振り分けによるデータベース化

空間管理もメール管理も、効果的な管理の基本は「分類」です。受信したメールばかりでなく、送信したメールについてもフォルダーを活用した分類を積極的に活用しましょう。

・要処理フォルダー

第一の分類は、処理が必要な案件を集めたフォルダーづくりです。要処理のメールは受信箱に残すことが多いと思うのですが、時期によっては未処理案件が嵩むときがあり、受信箱を整理できない状況に陥ります。そこで、要処理案件のみを特定のフォルダーに集中して管理することによって、この問題が解消します。

私は、要処理フォルダーの中に、さらに二つのサブフォルダーを作成し、数日で完了すべき案件とそれ以上かかるペンディング案件に分別しました。未処理フォルダーは、ことあるごとに中身をチェックする習慣をつけると良いと思います。そうすれば、漏れもなくなるほか、メールへの対応も効率的で迅速なものとなります。

・総務関係フォルダー

第二の分類は、社内的なアドミ（総務）関係です。本業の仕事とは関係ないものの、人事やコンプライアンスなどの内部管理上、ときどき必要となるメールがあります。

普段はこのフォルダーをチェックする必要はありませんが、社内的な要請があった場合にこのフォルダーのメールを参照すればいいのです。

・処理済案件当面保管フォルダー

第三の分類は、処理済の案件用のフォルダーです。処理は終了しているので、基本的には使用しない可能性が高いのですが、フォローが必要となるケースも出てきます。

私の場合、処理済フォルダーを作成し、さらにその中に国内顧客向けと海外顧客向けにサブフォルダーを作成していました。

・ノウハウフォルダー

第四の分類は、今後使えそうなノウハウを含むメールを保管するためのフォルダーです。このフォルダーも大きくは二つのサブフォルダーに分けます。

一つは、パソコンやインターネット上のノウハウを説明するメールの保管用です。社内の新しいシステム導入などの際に、使い方などを紹介するメールが届きます。アプリケーションやソフトウェア、はたまたエクセルの便利な使い方に至るまで、将来参考になりそうなメールをそこにしまっておくと良いでしょう。

もう一つは、顧客向けなどの説明を行なったメールです。一度聞かれたようなことは、ほぼ確実にほかの顧客からも尋ねられます。こうした質問に対する回答や、何らかの特殊案件に関する説明は、フォルダーに保管しておけば、何度も調べ直す必要もなく、また改めて書く必要があるときにも概ねコピー・ペーストして再利用が可能です。

私の場合は、国内向けと海外向けで日英二つの言語でさらにフォルダー分けしていました。最も多用したのが会社訪問準備のための「おすすめ質問リスト」です。国内外を問わず、投資家が企業と面談する際にはあらかじめ何を質問するかを考えておく必要があります。私は特に海外の機関投資家から「この会社が来週来るのだけど、何を聞けばよく勉強していそうに見えるか教えてほしい」という質問を多く受けました。この質問を受けてから回答までのスピードが速く、驚かれることもしばしばでした。これも、フォルダー活用術の成果です。

・フォルダー分けの注意点

せっかく上手にフォルダーを活用して分類しても、適当なメールを探し出すのに時間がかかるという場合があります。それは、メールのタイトルを受信時や送信時のままにしてあるためだと思われます。

フォルダーへのメールの移動の際には、名前を編集して後日見つけやすい形にすると効果的です。例えば、前述の会社訪問質問リストであれば、「【質問リスト】大手銀行」などとしておけば、瞬時に見つけることができます。

③ レス5分ルール

便利なはずのコミュニケーション・アプリ「ＬＩＮＥ」ですが、親しい人間関係にヒビを入れるような「既読スルー問題」が話題になりました。人間は誰しも自分が主人公です。自分が知りたいこと、あるいは確認したいことの質問を電話でなくメールで行なう場合は、回答をイライラしながら待ちます。お客さんならなおさらです。対顧客の場合だけではなく、社内における対応においても同様にメールのやり取りにおける人間心理に注意しましょう。

まず、受信箱が空であれば、回答が必要なメールにすぐに気づくはずです。ミーティング中などは無理ですが、外出中であっても極力頻繁に会社のメールアカウントにアクセスして受信状況をチェックしましょう。そのうえで、受けたメールへのレス（レスポンス：返信）は5分以内を目標にします。受信に気づかないリードタイムを15分程度としても、30分以内に回答が戻ってくればメールの送信者もさぞ満足することでしょう。

気をつけるべきなのは、回答が即座にできない場合です。回答にあたって、別途調査が必要なケースなどが挙げられます。その際には、調査が終わり正式に回答するまで返信せずにいれば、送信者は相手がきちんとメールを見てくれているのか、作業をしてくれているのかわからず、不安になります。そこで、回答までのおおよその時間をすぐに相手に返信しておきます。それにより、メールが無事確認されていること、回答に向けての作業に入っていることなどが相手に伝わります。仮に、1日かかっても1週間かかっても、この対応が相手に安心感と好感を与えることになるのです。

私はアナリスト時代、この点を最も重視していました。顧客である投資家の皆さんは、何十社も取引があるので、私でなくとも他社のアナリストに依頼をすることができます。このため、1時間以上経っても返信しない場合は、ほかのアナリストへの依頼や照会に向かうことを覚悟しなければなりません。これは、せっかく頼ってくれた顧客を失うことに等しいのです。自分が相手の立場であれば、何らかの返信が早くほしいと思うでしょうし、なければ業を煮やしてほかに行くはずです。相手の立場になって考える意識は、メール管理術だけでなく、すべてに通じることです。

④ 不在応答の利用

改めてアドバイスするまでもないかもしれませんが、出張や休暇などにより、長時間メールをチェックすることができないときは、必ず不在応答のオプションを手当てしておくべきです。また、長時間のミーティングなど、メールの確認が長時間困難な場合にも「外出により○時○分まで戻りません」という設定をしておくことをお勧めします。これにより、多忙時においても、すでに述べた「レス5分ルール」の実効性を高めることができます。

もう一つは、ボイスメールのチェックです。会社によってシステムは異なりますが、個人的な留守番電話であるボイスメールは広く用いられるようになりました。不在時に、秘書やアシスタントが代わりに要件を聞ける状況であれば良いのですが、自己完結しなければならない場合は、不在時にボイスメールを設定しておくべきです。メールと同様、外部から留守番電話を聞くことが可能ですので、急ぎの案件などがないか定期的にチェックしておくことが大切です。

⑤ タイトルと文章の工夫

メールの受け手が何百件ものメールを毎日受け取っていることを、まず意識します。そうなると、自分のメールがしっかりと相手にチェックしてもらえるかが重要となります。では、どうすれば忙しい相手の目に止まることができるか?

それは第一にタイトル（件名）です。特に、必ず見てもらわないと相手にも迷惑がかかるような可能性がある場合、「【超重要】」などを先頭につけます。ただし、さほど重要でない

図表5　メール文面（箇条書き）の一例

【ご質問への回答】銀行法改正の影響

野﨑浩成<h-nozaki@○○.jp>
To自分

○○様

いつも大変お世話になっております。
ご質問を頂きました今国会成立の銀行法改正のポイントを以下ご案内いたします。

① 欧米銀行が先行している「フィンテック事業」の銀行グループ内取込みが可能に。
② 新規業務は「銀行が提供するサービスの向上に質する業務またはその可能性のある業務」が条件。
③ 銀行業績への影響は短期的に軽微。
長期的には構造変化を先取りする銀行と乗り遅れて没落する銀行の差が拡大する可能性あり。
④ フィンテックに関しては、弊社レポート「フィンテックの明日」をご参照。

以上、宜しくお願いいたします。追加的なご質問はいつでも歓迎します。

野﨑

メールに、このキャプションを多用すると「狼少年」となり、二度と開いてもらえなくなるので注意しましょう。

それ以上に重要なのは、文章の長さです。メールを開いてもらうことができても、ダラダラ書かれたメールはあっさり捨てられてしまいます。一方で、簡潔で見やすいメールは、忙しい相手に喜ばれます。自分が超多忙な社長や総理大臣になったつもりで、文面を考えます。忙しいさなかに送ってもらっては困るような長文は、避けなければなりません。

そこで、私がお勧めするのは「箇条書き」の有効利用です。図表5にメール文面の一例をあげておきましたのでご覧ください。

蛇足ですが、メールの冒頭に相手の名前を入れるだけで印象が変わります。極力相手の名前を入れるようにしましょう。特別に送ったメールという印象を高めてくれます。ただし、頻繁かつお互いが親しいと感じている場合においては、逆に名前を入れないほうが親近感を増幅させることもありますので、その切り替えは臨機応変に行なってください。

⑥　メールNGのケース

メール管理上の重要なポイントは以上です。最後に、感情的なメールの抑制について付け加えておきます。社内外を問わず、微妙なコミュニケーションのズレから、感情的な対立に発展することがしばしばあります。インターネットの書き込みなど、匿名性の強いものほどではありませんが、メールという道具は必要以上に感情的なもつれを増幅させるリスクがあります。

この点を承知して、相手に対する怒りや失望などのネガティブな感覚が感情を支配している場合は、メールは避けましょう。せめて、コーヒーを2杯くらい飲んでからでも遅くはありません。落ち着きを取り戻してから、冷静なメールを送ることを心がけてください。

飲酒後のメールも同様です。「飲んだら送るな、送るなら飲むな」を標語にして、感情をコントロールしにくい状況でのやり取りは避けるべきです。私は、海外セールスとのやり取りで、怒りの感情を抱きながら飲酒後に送ったメールで後日反省をしたことがあります。

■データ管理の技法

①　フォルダーの分別管理

前の「メール管理」のセクションで「フォルダーによる分類が効率性を高める」という話をしましたが、データ管理はなおのこと、明確かつ系統だったフォルダー分類を駆使することが求められます。ここで対象となるデータファイルは、エクセルやアクセスなどの表計算・集計ソフト、ワードなどの文書ソフト、パワーポイントなどのプレゼン用ソフトなどのほか、

「空間管理」のセクションで取り上げたＰＤＦなどの文書表示ソフトといった様々な種類のファイルが幅広く含まれます。

フォルダーの分類方法としては、ツリー方式による「サブフォルダー管理」がわかりやすいと思います。具体例として、私がアナリスト時代に行なった分類をベースに解説していきます。次ページ（上）の図表6を参照してください。

まず4項目の大分類から始まります。最初の大分類の段階では、カテゴリーが細かすぎても少なすぎても管理が面倒になりますので、4～5項目程度が適度かと思われます。社内管理、分析、プロダクト、データからなる四つの大項目はさらに枝分かれします。例えば、「データ」の項目の先を見てみましょう。過去から一貫して集積された「時系列」データのフォルダーのほか、それぞれの時点々々で業界各社の状況を横比較できる「クロスセクショナル」のフォルダー、そしてペーパーレスに役立つ「ＰＤＦデータ」の三つのサブフォルダーに分かれます。それぞれのサブフォルダーは、時間やテーマごとにさらに詳しいフォルダーに分岐していき、個別ファイルが保存されることとなります。念のため、フォルダーのイメージを次ページ（下）の図表7でご確認ください。

なお、今回は冗長な説明を避けるため、フォルダーのイメージの図表からは削除しましたが、言語別のフォルダーも作成すると、後が楽になります。表計算ファイルに関しては、日本語と英語を同一ファイルに含めることができるため、フォルダーの分別は不要ですが、プレゼン資料については別のフォルダーに保管することが効率性を高めると思います。

図表6　データ（フォルダー）の分類ツリー

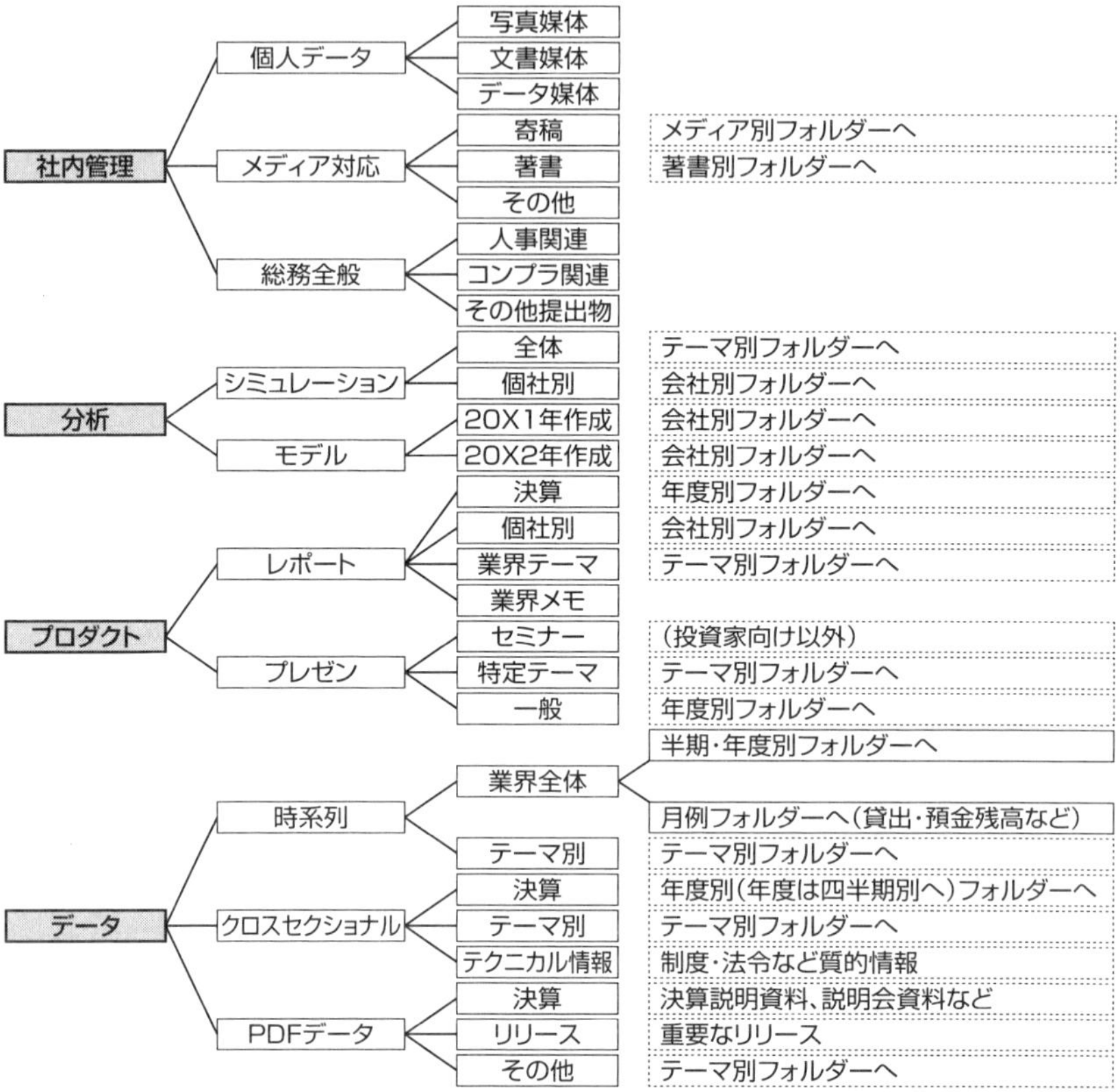
社内管理
個人データ
写真媒体
文書媒体
データ媒体
メディア対応
寄稿
メディア別フォルダーへ
著書
著書別フォルダーへ
その他
総務全般
人事関連
コンプラ関連
その他提出物
分析
シミュレーション
全体
テーマ別フォルダーへ
個社別
会社別フォルダーへ
モデル
20X1年作成
会社別フォルダーへ
20X2年作成
会社別フォルダーへ
プロダクト
レポート
決算
年度別フォルダーへ
個社別
会社別フォルダーへ
業界テーマ
テーマ別フォルダーへ
業界メモ
プレゼン
セミナー
（投資家向け以外）
特定テーマ
テーマ別フォルダーへ
一般
年度別フォルダーへ
データ
時系列
業界全体
半期・年度別フォルダーへ
月例フォルダーへ（貸出・預金残高など）
テーマ別
テーマ別フォルダーへ
クロスセクショナル
決算
年度別（年度は四半期別へ）フォルダーへ
テーマ別
テーマ別フォルダーへ
テクニカル情報
制度・法令など質的情報
PDFデータ
決算
決算説明資料、説明会資料など
リリース
重要なリリース
その他
テーマ別フォルダーへ

図表7　フォルダーのイメージ

ローカル ディスク (C:) ▸ ユーザー ▸ Trial ▸ プロダクト ▸ レポート ▸ 業界テーマ ▸
共有 ▾
書き込む
新しいフォルダー
名前
更新日時
種類
サイズ
ESG経営　2016/06/08 11:15　ファイル フォル...
アウトルック　2016/06/08 11:16　ファイル フォル...
ガバナンス　2016/06/08 11:15　ファイル フォル...
フィンテック　2016/06/08 11:15　ファイル フォル...
マイナス金利　2016/06/08 11:14　ファイル フォル...
業界再編　2016/06/08 11:15　ファイル フォル...
世界の中の邦銀　2016/06/08 11:16　ファイル フォル...

図表8　ファイル名の例

名前	更新日時
業態別社数1986-2015	2016/06/08 11:23
全銀協1990-2016	2016/06/08 11:23
大手行決算主要計数1993-2016	2016/06/08 11:23

②　データファイルのひと工夫

ファイル名には神経を使いましょう。そのときどきのフィーリングで名前をつけると、後で探すのが大変です。ほんのひと工夫のルールづくりで、整然としたファイル名を並べることが可能です。

ルールは簡単で、ファイル名の検索がしやすい語句を入れることと、年月を入れることです（図表8参照）。なお、私は日本語のほうが断然得意なので日本語ベースのファイル名が多いのですが、海外の顧客にファイル名を変更せずに送付する利便性をとりたいなら、英語で統一しても良いかと思います。

さらに工夫したいのであれば、ファイル名の最初にアルファベットの「ａｂｃ」をつけてもいいかもしれません。例えば、銀行業界のファイルはａ、証券はｂ、保険はｃなどと頭につけることで、フォルダー内での並べ替えで業界ごとに分別されて表示できます。フォルダーの細分化でも対応できますが、同一フォルダー内での一覧性を望むのであれば、これも一つの方法です。

③　アップデートスケジュールの管理

熟練してくれれば体が勝手に動いてくれるのであまり気にしなく

てもいいのですが、データのアップデートについてはつい失念してしまうケースもあります。そこで、インターバルごとの管理表を作成して、（補助者がいれば）アシスタントなどと共有化すると良いかと思います。

私が受け取っていたアップデートが必要なデータの例を挙げれば、日本銀行と全銀協（全国銀行協会）から貸出・預金などのマクロデータが月次で発表されていたほか、アンケート調査や国内外の金融資産データは四半期ごとの発表となっていました。さらに、決算発表の際には多くのデータファイルの更新が必要になりますので、すべてをクリアできるかを記憶に依存するのは危険です。そこで、月次、四半期、半期、暦年、年度のタームごとにチェックシートを作成しておくと、失念リスクを低減させることができます。

④ スプレッドシートの充実術

最後に、スプレッドシート（表計算ソフト）のマネジメント方法について説明します。なぜ、このセクションで説明するかというと、これから説明する工夫によりデータ管理が楽になるとともに、ファイル数を減らすことができるからです。

第一にお勧めするのが、「言語切り替え機能」です。ワードやパワーポイントで言語の切り替えを行なうにはマクロを駆使しなければならず、容量や手間の問題から別ファイルにしたほうが効率的です。しかし、エクセルなどのスプレッドシートは、簡単な関数の入力とコピー・ペーストで言語の切り替えが容易となります。図表9を上から順番にご覧ください。まず、AとBの列に日本語と英語を入れておきます。次にD2のセルに暫定的に〝J〟を入れ

図表9 スプレッドシート言語切り替えの例

◆IF関数の入力のしかた

	A	B	C	D	E	F	G	H	I	J
1										
2			Language=	J	(J for Japanese/E for English)					
3										
4										
5				FY2010	FY2011	FY2012	FY2013	FY2014	FY2015	FY2016
6	貸出	Loans	**=IF(D2="J",A6,B6)**	2500	2500	2500	2500	2500	2500	2500
7	預金	Deposits	**=IF(D2="J",A7,B7)**	4000	4000	4000	4000	4000	4000	4000
8	有価証券	Securities	**=IF(D2="J",A8,B8)**	1000	1000	1000	1000	1000	1000	1000
9	総資産	Total Assets	**=IF(D2="J",A9,B9)**	6000	6000	6000	6000	6000	6000	6000

◆Jを入力すると

	A	B	C	D	E	F	G	H	I	J
1										
2			Language=	J	(J for Japanese/E for English)					
3										
4										
5				FY2010	FY2011	FY2012	FY2013	FY2014	FY2015	FY2016
6	貸出	Loans	**貸出**	2,500	2,500	2,500	2,500	2,500	2,500	2,500
7	預金	Deposits	**預金**	4,000	4,000	4,000	4,000	4,000	4,000	4,000
8	有価証券	Securities	**有価証券**	1,000	1,000	1,000	1,000	1,000	1,000	1,000
9	総資産	Total Assets	**総資産**	6,000	6,000	6,000	6,000	6,000	6,000	6,000

◆E（J以外）を入力すると

	A	B	C	D	E	F	G	H	I	J
1										
2			Language=	E	(J for Japanese/E for English)					
3										
4										
5				FY2010	FY2011	FY2012	FY2013	FY2014	FY2015	FY2016
6	貸出	Loans	**Loans**	2,500	2,500	2,500	2,500	2,500	2,500	2,500
7	預金	Deposits	**Deposits**	4,000	4,000	4,000	4,000	4,000	4,000	4,000
8	有価証券	Securities	**Securities**	1,000	1,000	1,000	1,000	1,000	1,000	1,000
9	総資産	Total Assets	**Total Asse**	6,000	6,000	6,000	6,000	6,000	6,000	6,000

ておきます。そして、C列にIF関数を入力しコピー・ペーストするだけです。IF関数の内容は単純で、D2のセルが〝J〟ならA列を、〝E〟ならB列の値が表示されるというものです。後は見た目を良くするために、AとBの列を隠してしまうだけです。こうすれば、マクロなどを使わなくても簡単に言語の切り替えができます。したがって、

送る相手の言語に合わせてD2のセルを変えることで、効率的に異なる言語への対応ができます。なお、切り替えの「スイッチボタン」の絵を使うこともできますが、ほかのスプレッドシートへのコピーの容易さを考えたときには、先ほどの方法をお勧めします。

第二に、「フォーマットの統一化」です。アナリストの担当企業のように、データの標本が同じ表をいくつも作成する可能性が高い場合は、会社名の場所や時間軸などが同じスプレッドシートを同じ場所（同じフォルダ内）に保存することが望ましいと思います。また、年度などの表記も統一すると良いでしょう。フォーマットを統一しておくだけで、前述の言語切り替え機能などについても改めてつくり直す必要がなくなります。また、次に説明する「リンク貼り付け」についても簡単に行なうことができます。さらに、罫線や網かけについても統一しておくだけで、パワーポイントによるプレゼン資料作成に要する手間を大幅に削減できます。

第三に、「リンク貼り付け」についてです。一つのデータファイルにデータを入力するだけで、ほかのファイルを簡単に更新することができるのがリンク貼り付けの強みです。しかし、リンクを濫用することによって、元データのファイルと参照していたはずのファイルを相互にデータ更新しなければならない事態が発生します。また、複数のデータファイルを参照することによって、元データのファイルが更新できているかどうかの確認に時間を要することとなるほか、更新がされていないまま古いデータで作表されてしまうリスクも伴います。したがって、リンク元となるデータファイルに関しては、極力限定少数として、その保管場所もフォルダーの分別管理により漏れがなくなるようにすべきであると考えます。実のところ、この煩雑さが嫌で私個人的にはリンク反対論者でした。

仕事の効果を上げるプレゼン術

■プレゼン資料作成のコツ

①　基本原則

ここまで、仕事の効率性を向上させる方法論について述べてきましたが、ここからは「仕事の果実」をより膨らませるための効果的な取り組みを紹介します。

中でも仕事の成否に大きく影響するのが、相手への印象を大きく変え得るプレゼンです。まずは資料作成について説明します。

プレゼン資料作成上、文字は極力少なくポイントのみ記載することを基本としたいところです。このため、文章ではなく「箇条書き」が原則です。

②　A5判のすすめ

まだまったく普及していないのですが、是非お勧めしたいのがA5サイズのプレゼン資料です。A5はA4の半分の大きさになります。では、なぜA5判が望ましいのでしょうか？

第一に、プレゼン資料に過度な情報量は不要です。すでに述べた基本原則でも説明しましたが、文字の多い資料は読みにくいばかりか、ポイントがどこにあるのかがわかりません。

Ａ５判の大きさで収まるくらいの情報量の制限があれば、記載するのも必然的に重要なポイントに絞られてきます。

第二に、Ａ５判は国際標準であるＡ４ファイルに収まります（Ｂ４やＢ５判は国際標準でないので海外では迷惑なサイズのようです）。しかも、Ａ５判はボリューム的にＡ４判の資料の半分になるはずですので、相手方のスペースを無用に消費することがなく、ポイッと捨てられてしまうリスクも軽減されます。この点は、私が推奨する「ペーパーレス空間管理法」と矛盾するように思われるかもしれませんが、世の中には紙ベースの情報管理を基本としている人が大半を占めているため、相手のスペースの管理に資する資料を心がけたいものです。なお余談ですが、Ａ５判は情報量が適度だという評価をいただき、後日ＰＤＦを送付する依頼も数多くいただきました。

③　その他のフォーマット

Ａ５判で両面印刷、背表紙のホチキス止めが理想です。また、カラーである必要は必ずしもありません。シンプル・イズ・ザ・ベストです。

プレゼン資料の体裁を整えるため、厚紙やプラスチックの表紙に、リングの帳合またはプラスチックで背表紙が製本された資料を頻繁に見かけます。そのような資料は受け手にどう扱ってほしいのか疑問を感じます。本棚にでも入れてもらうつもりでしょうか？　もし、相手が資料の内容について有用性を認めてくれても、ファイリングするときに手間をかけてバラさなければなりません。私は銀行員時代、外資系証券会社から前述したような立派なプレゼン資料をしばしば頂戴しましたが、本当に保存したい場合は解体してファイリングしました。リングを外すときに何度指をケガしたことか……。そのため、本当に必要な部分だけをコピーして、あとは破棄しました。

Ａ５判、両面印刷で、しかも背表紙ホチキス止めにすると、資料の真ん中を広げ、手間なくＡ４ファイルに保管できます。しかも場所をとらないだけでなく、もち運びも便利です。私は、出張中など荷物が少ないことで有名なのですが、こうした工夫もその理由の一つです。

カラーについても、様々な色を使えばきれいには見えるのですが、使いすぎても重要性が色の中に紛れてしまいます。色彩はシンプルにして、白黒でも十分な程度の資料に仕上げましょう。コストの面からも環境の面からも、このほうがエコだと思います。

④ タイトルとヘッドラインに心を砕く

資料の表紙を飾るタイトルは、言うまでもなく大切です。しかしながら、世の中は無機的なタイトルであふれています。私は資料の中身を作成してから、かなりの時間を使ってタイトルを考えます。相手の心に突き刺さるようなタイトルを考えるのは、容易ではありません。ですから、知恵と想像力を総動員させて考えるのです。

普通でないタイトルであれば、それだけで読み手の関心を誘います。あるときは、相手の関心度があまりにも高かったため、タイトルの説明だけで10分以上かけたことがあります。また、相手の記憶に残るだけではなく、次のプレゼン機会でも私がつけるタイトルを楽しみにしてくれます（それだけプレッシャーも強いのですが）。

あるときは、「邯鄲《かんたん》の枕と邦銀」というタイトルのプレゼンを行ないました。このプレゼンは唐の故事に因んだもので、リスクを取らなくなった日本の銀行を含意させました。「日本の銀行業界」というタイトルに比べ、どれほどのインパクトの違いがあるかは察していただけると思います。

タイトルには「メッセージ性」が必要です。同様に、資料のヘッドライン（見出し）も最初に目が行く部分だけに、コンパクトでパンチの効いたフレーズが必要です。ヘッドラインを見ただけで、そのページを説明する前から「これってどういうこと？」と聞いてもらえれば、大成功です。一方的な説明ではなく、相手の関心から入る説明になるからです。

⑤ 自分で見てワクワクするか

文字で真っ黒の資料がプレゼン資料の体をなさないことは、すでに述べました。では、どういった構成が良いのでしょうか？　パワーポイントの作成ノウハウ本は多数出版されていますが、私は読んだことがありません。基本は、自分がプレゼンの受け手となった場合に、その資料でワクワクするかを問いかけながら作成するということに尽きます。

一ページに盛り込む基本は、ヘッドラインのメッセージ、自分の主張をサポートするデータ、その簡潔な説明です。データとしては、グラフでも計数表でも主張を裏づける説得力がより強いほうを選ぶべきです。そして、その横にポイントとなる情報を二〜三つ程度の箇条書きで示しておきます。文字で埋め尽くされた資料は、それだけで話を聞く気力さえ萎えさせますが、二〜三つ程度の構成であれば十分に戦えます。

百の冗長な説明よりも、一つの説得力あるデータのほうが相手の理性に働きかけることができます。特に漫然と図表を貼り付けるだけではなく、必ずハイライトしましょう。計数表の中に網かけするのも一つなのですが、私は太線の円や矢印をよく使いました。線画はプレゼンを引き立たせる天才です。数あるデータやチャートの中で、「この部分が私の言いたいことです」という部分をハイライトすれば良いのです。

また、内容の説明は、あえて「少しだけ不親切にする」ことをお勧めします。学生の授業に向き合う姿勢を見ていても同じなのですが、書くことには、人の理解や印象を高める作用があります。ですから、意図的に重要なポイントを資料に載せずに、プレゼン時に「書いてなくて申し訳ないのですが、実は○○○○が勘どころです」と言って書き込んでもらうこともプレゼンの効果を上げる一つの方法です。

そして、一通り資料ができ上がったところで、自分に最後の問いかけをします。この資料で本当にワクワクするか？　これに満足いく回答が得られなければ、つくり直すべきです。

⑥ つかみの5分

膨大なデータを入れ込んだプレゼン資料をよく見かけますが、あまり感心しません。私はデータに基づく合理的な説明ほど美しいと思うのですが、それには膨大なデータは必要ありません。必要最低限のデータを掲載することが、コンパクトで使いやすい資料にする秘訣です。しかし、多くのデータを必要とする受け手も存在します。そういった人には、プレゼンの事前か事後にデータファイルを送ることがお互いにとって効率的だと思います。

もう一つの提案は、自分のプロフィールを資料に入れることです。特に初対面の相手の場合は、表紙の次のページに入れても良いと思います。略歴だけではなく、出身地や趣味も入れておきましょう。

私の場合は、初対面の方向けだけでなく、すべての資料に自分のプロフィールを入れました。プレゼンで最も緊張感があり、大切な「つかみの5分」に最適のリソースを提供します。結果的に、旧知の皆さんも含めて、しかも海外・国内を問わず、最初の話題として私のホットヨガの話や人命救助の経験などが場を和ませてくれました。

■魅力あふれるプレゼン術

① ラージプレゼンの基本

プレゼン法についても多くのノウハウ本が出ているので、細かなコツやテクニックはそうした文献に譲るとして、私の経験から得たアドバイスを何点か述べたいと思います。

多くの場合は百名級を相手にしたプレゼンより、個別訪問での営業プレゼンのケースのほうが遥かに多いと思いますので、聴衆が多いケースに関してはごく簡単に述べます。

何よりも心がけたいのは、プレゼンのためのテキスト原稿は用意しないということです。会社説明会でよく目にするのが、上半分が投影されるスライドで下半分が説明文という構成のスピーカー用手元資料です。結婚式のスピーチ、社員向け訓示、スライドを用いたプレゼン、どういった状況であっても、読んだ言葉はいかに抑揚をつけても朗読でしかありません。言葉には力が宿りますが、その源はハートから発せられるものでなければなりません。

私は演台に立つとき、資料を一切もたないようにしています。パソコン操作で出てくるスライドを、聴衆と一緒に見ながらあたかも1対1のプレゼンのごとく語りかけるように話すようにしています。ですから、たまにその場の思いつきでいろいろな雑談をしてしまうのですが、用意されたスライド以上に当意即妙なコメントのほうがウケるものです。

また、聴衆の様子をうかがいながら、時間をかけて説明する項目と、さらっとエッセンスのみを取り上げる項目とをその場で調整することも大切です。プレゼンは難しく、事前に想定した聴衆の関心とはまったく別のところに琴線が張られていたりするものです。1対1のミーティングばかりでなく、大人数を相手としたプレゼンにおいても相手の反応を見るような柔軟性が大切だと思います。

最後にもう一つ。プレゼンの中で特に（受け手に）「もち帰ってほしい」事項について締めくくりとして言い添えると、主張のポイントが明確になると思います。何となくフェードアウトするようなプレゼンではなく、声を張って力強く主張を印象づける終わり方が多くの聴衆を前にした場合は有効であると思います。

② 相手の関心に合わせる

ここからは、多人数対象ではなく、個別ミーティングでのプレゼンを念頭にいくつかアドバイスをしていきます。

顧客訪問してプレゼンを行なう目的の多くは、営業活動です。主役はあくまでも聞き手であり、相手の貴重な時間を頂戴することを肝に銘じなければなりません。自分が言いたいことばかりを一方的に話して帰ってしまうようなプレゼンは好ましくありません。自分が言いたいことよりも、むしろ聞き手のニーズに極力合わせることが大切です。

事前に「これが聞きたい」といったリクエストがある場合は別として、プレゼンを始める前に、どういったことに関心があるのか、何を聞きたいのかを尋ねるようにすれば、聞き手の満足度を高める効果があります。

私もアナリスト時代は、顧客訪問時にはなるべく相手のニーズを踏まえて適宜プレゼンの構成を組み替えるようにしました。もちろん、資料はあらかじめ用意したものを使いますが、説明する順番を変更あるいは省略するなどして、極力相手の聞きたいことを説明するようにしました。

海外でよくあるのが、聞き手が最初から質問をするパターンのミーティングです。私は駆け出しの時代に、ベテラン営業担当から「Q＆Aのみのミーティングが、ベストミーティングだ」と教えられました。私は様々な経験を通じて、これを実感しました。確かに用意してきた内容とまったく異なる質問を受けることになると、知らない話題であれば困ってしまいます。しかし同時に、市場はいま何を考えているのか、どういった点に関心をもっているのかを学び、以降のリサーチに大いに活かすことができます。

多忙な中の貴重な時間を使って、関心がないばかりか不要な情報を聞かされることは時間の無駄です。そうなると、話し手が時間をかけて顧客訪問しても、それが顧客から評価されるどころか不評を買ってしまうことになりかねません。

③ 時間のニーズに合わせる

次に、時間そのものについても相手の都合を聞くと良いと思います。アナリストの顧客訪問は、通常1時間程度の予定でアポイントメントをもらいます。しかし、中には30分程度で十分、さらには5分で十分と考えている顧客も少なくありません。

そこで、Q&A方式で会話が進んでいる場合は例外として、プレゼン開始前にどの程度の時間で説明するのが望ましいか、軽く感触を相手に尋ねると良いと思います。一生懸命に話をして飽きられるのでは、割に合いません。ですから、極端な話、5分バージョンから3時間バージョンまでプレゼン所要時間を自在に操る訓練をしておくべきです。そのほうがお互いに、しあわせなはずです。

④ 意見が対立するときの対処法

顧客とのミーティングでは、双方の主張が対立することがあります。特にアナリストが相手にする投資家は、誰もが優秀で厳しい競争の中を勝ち残ってきた強者ばかりですから、自らの主張にはかなりの自信をもっています。アナリストが自分の考えと異なるビュー（見解）を主張した場合に、聞き流すタイプの投資家の方も少なくないのですが、熱い議論に発展することもあります。こうした緊張関係の中で、どう対処するのが適切な対応と言えるのでしょうか？

一つ確実に言えることは、相手に無理やり意見を合わせる必要はないということです。あまりに迎合的な姿勢を取り続ければ、「自分の意見がないのか？」と信頼を得られなくなってしまいます。

また、もう一つ注意しなければならないのは、感情的な対立にならないようにすることです。冷静に状況を分析しながら、建設的な意見交換に努めることが肝要です。特に意見の差異がどこに由来するものなのかを特定することが必要です。主張のすべてが折り合わないことは滅多にありません。わずかな考え方のズレが議論の対立につながる傾向が強いと思います。そのため、ズレの核心を分析できないと、相手の言っていることすべてが疑わしく思えてしまいます。その延長線上には、人格否定という最悪の結末が待っています。

⑤ 相手の関心を高めて信用されるコツ

前の「プレゼン資料」のセクションでも説明しましたが、プレゼン資料にはあえて言いたいことのすべてを盛り込まないことがコツです。「資料には書いてありませんが、これが重要なポイントです」とその場で話して、メモを取ってもらうことが相手の印象に強く残ることにつながります。さすがに、「ここだけの話ですが」と言うのはコンプライアンス上難しいものの、資料に含まれていないような重要な事項はそれだけで「特別感」を演出します。資料そのものは、ミーティングをしなくとも営業担当などを通して入手することが可能ですが、資料に書いていないことはミーティングでのみ入手できる情報となります。

二つ目の補足として、「一貫性と柔軟性のバランス」が挙げられます。主張内容が、相手の反応に応じてブレると、既述の議論の対立の部分で説明したとおり、信用を失います。しかし、自分の意見の根拠が誤っていることを認識した場合は、それを認めて意見を修正する潔さも必要です。つまり、一貫性と柔軟性のバランスがプレゼンにおいても大切であるということです。ただし、アナリストの場合、レポートに掲載された内容から逸脱するような意見の修正を行なう場合は、その内容のレポートを発行するまでは顧客に対して意見の修正を行なえないことに留意する必要があります。このため、アナリスト・ミーティングで意見の修正に気づいた場合、「この点が誤っていたとすれば、こういった結論に変わる可能性がある」旨に留めておくことがコンプライアンス的に考えても適当だと思います。

最後に、自分が知らないことを投資家の方などから尋ねられた場合の対応について補足しておきます。

当てずっぽうで答えるのは問題ですが、「わかりません」と一言で終わらせるのも一流のビジネスパーソンとして失格です。ですから、質問内容をより詳しく聞いて、自分の知見の引き出しの中で関連すると思われる部分を探し出しましょう。

また、同時にミーティング後にしっかりと調査し、フィードバックすることが大切です。この姿勢は、相手の信頼を得ると同時に、自らの引き出しを増やすこととなります。

第2部

超一流アナリストのスキルと暗黙知

第4章

アナリストのＡＢＣ

アナリストに関する基本知識

■アナリストの種類

①　バイとセル

この章は、アナリストに馴染みのない人やこれから本格的にアナリスト業務を始めようとする皆さんに向けたガイドですので、すでに精通されている方は読み飛ばしていただいても構いません。

いまは軍事アナリストからフードアナリストに至るまで、アナリスト花盛りの時代です。「分析家」を示す肩書だけに、分析に携わる専門職として広がりが出てくるのは自然な流れでしょう。ただ、古くから一般的に使われてきた名称としては、金融業界におけるアナリストで

「証券アナリスト」を指すものです。なお、同じ金融業界でもアメリカ系の投資銀行では、投資部門の若手（3年目ごろまで）の肩書をアナリストとしているところもあります。

さて、証券アナリストと言っても、証券会社ばかりでなく、資産運用会社、シンクタンク、銀行、格付機関など、多様な業態で微妙に異なるミッションを抱えています。株式や債券などの金融商品を仲介する証券会社のアナリストを「セルサイド・アナリスト」、証券投資などを行なう資産運用会社のアナリストを「バイサイド・アナリスト」と言います。

セルサイド・アナリストは、バイサイド・アナリストや（同じく運用会社で直接運用に携わる）ファンドマネジャーに対して情報サービスの提供を行ないます。また、多くの国内系証券会社のように個人顧客を抱える会社においては、各支店を介してレポート内容などが個人顧客に提供されます。このため、セルサイド・アナリストは直接あるいは営業担当者を通して、数多くの顧客に情報提供やリクエスト対応などのサービスを提供する立場にあります。

一方でバイサイド・アナリストは、社内向けレポートやミーティングなどでファンドマネジャーに対する情報提供を行なうほか、資産運用の委託者である年金基金などの顧客（機関投資家）に対するレポーティング、あるいはその補助を行なうことが求められます。

② エクイティとクレジット

バイとセルの区分とは別に、さらに主に担当する分野が株式であれば「エクイティ・アナリスト」、債券などのフィクスト・インカム（確定利付き）系であれば「クレジット・アナリスト」と分類されます。格付機関のアナリストも主に社債等の格付けを担当するため、クレジット・アナリストのカテゴリーに含まれます。

エクイティ・アナリストは、株式という利益成長を求める金融商品を扱っているだけに、成長性や収益性に対して深くフォーカスしていきます。他方、クレジット・アナリストは社債などのスムーズな償還が確保されるか否かを分析する性格上、安全性に軸足が置かれます。ただ、金融危機や経済危機のような状況では、収益性以上に安全性の高い銘柄が株式の世界でも注目されますので、エクイティとクレジットの着眼点の差がなくなることもあります。

私はシティグループ証券という証券会社で株式を担当していましたので、セルサイドのエクイティ・アナリストという位置づけでした。ただ、東京電力の原発事故の際などのように、法的、政治的に難しい判断が迫られるような局面においては、債券部門からお呼びがかかる場合もありましたので、エクイティ・アナリストでもクレジット・アナリスト的な見方を求められることもあると考えておいたほうが良いでしょう。

③ 機能別

証券アナリストは、働いている業態による区分（バイサイドとセルサイド）、取り扱う商品による区分（エクイティとクレジット）から分類されることを説明しましたが、さらに機能によっても分類されます。

企業分析を行なうアナリストのことを正確には「ファンダメンタルズ・アナリスト」と呼びますが、全体のアナリストの大宗がこのファンダメンタルズ・アナリストであるため、単純にアナリストと呼ばれるのが一般的です。

それ以外は、個別の業種ごとではなく全業種を対象とした分析を行なうアナリストになります。株価の動きをグラフ化したものをチャート（ケイ線）と言いますが、チャート分析に特化したアナリストをテクニカル・アナリスト、チャーチスト、市場分析アナリストなどと呼びます。また、膨大なデータを解析し、株価との因果関係の分析を行なうなど、定量的分析に従事するのが、「クオンツ・アナリスト」です。そして、総合的に株価全体の見通しを分析しながら、業界ごとの強弱を見極めて日本株をグローバルポートフォリオでどのように位置づければ良いのか、日本株の中ではどのセクター（業種）をオーバーウエイト（市場の時価総額に占める各業種の時価総額比率に比べ、その業種の株をより多くもつこと）にして、そのセクターをアンダーウエイト（オーバーウエイトの反対で、現状の時価総額比率より低い持ち高とすること）にすべきかを提案する「ストラテジスト」がもう一つのアナリスト・カテゴリーとなります。

さらに、経済全体を分析対象とする「エコノミスト」が、広義の証券アナリストに含まれます。ただし、エコノミストは株式だけでなく債券にも影響する分析を行なうため、エクイティでなくクレジットの部門に組み込まれる場合もありますし、逆にエクイティ部門に所属するケースもあります。加えて、会社によっては、これら両部門から独立した形で組織的な位置づけを維持していることもあります。

日本ではあまり存在しませんが、アメリカなどでは「政治アナリスト」という政治を専門分野とするアナリストも存在しており、ストラテジストやエコノミストと協働しながら分析を行なっています。

これらをまとめると、ファンダメンタルズ・アナリストがミクロ的なアプローチで企業分析を行なう役割を担い、これを「ボトムアップ・アプローチ」と言います。一方で、ストラテジストをはじめとする全産業を調査・分析対象とするマクロ的アプローチを担うアナリストやエコノミストは、「トップダウン・アプローチ」をミッションとします。つまり、上下両方向から投資戦略の解を導く構造となっています。

④ セクターの種類

産業の業種をセクターと言いますが、セクターの分け方は会社によって様々です。その最大公約数的な分け方は、人気アナリストの調査を行なうメディアの例が参考になります。毎年春が来るとアナリストがそわそわし始めますが、それは人気アナリスト調査の2大メディアが3月から4月にかけて投票結果を発表するためです。

その分け方の一つは日本経済新聞社が週刊誌の『日経ヴェリタス』で公表するもので、合計で32のセクターから構成されます。内訳としては、ファンダメンタルズ・アナリストが対象となる業種別が28セクターあり、その他はマクロです。ここでのマクロとは、市場調査（市場分析アナリスト）、クオンツ、ストラテジストとエコノミストの4セクターです。

もう一つの分け方は、アメリカに本社を置くインスティテューショナル社のインスティテューショナル・インベスター誌で公表されるもので、セクター数は30と日経より二つ少ないものとなっています。このうち、27セクターはファンダメンタルズで、残りの3セクターがマクロです。参考までに、図表10をご覧ください。概ね先ほど挙げた2誌で共通するセクタ

図表10　2大メディアのセクターの対応関係

日経ヴェリタス	Institutional Investor
産業用電子機器	Electronics/Industrial
家電・AV機器	Electronics/Consumer
電子部品	Electronics/Components
自動車	Autos
自動車部品	Auto Parts
医薬品・ヘルスケア	Health Care & Pharmaceuticals
化学・繊維	Chemicals
ガラス・紙パ・その他素材	Technical Materials
鉄鋼・非鉄	Metals
機械	Machinery
精密機械・半導体製造装置	Electronics/Precision Instrument
造船・プラント	Plant Engineering & Shipbuilding
食品	Beverage, Food & Tobacco
銀行	Banks
証券・保険・その他金融	Insurance & Other Nonbank Financials
小売り（大型店）	Retailing
小売り（専門店・アパレル）	
商社	Trading Companies
建設	Construction
住宅・不動産	Housing & Real Estate
	REITs
電力・ガス・石油	Energy & Utilities
運輸・倉庫	Transportation
通信	Telecommunications
放送・広告	Broadcasting
インターネット・ゲーム	Internet
ビジネスソリューション	Software
レジャー・アミューズメント	
中・小型株	OTC & Small Companies
ストラテジスト	Equity Strategy
市場分析アナリスト	
クオンツ	Quantitative Research
エコノミスト	Economics

ーの対応関係を示しています。

なお、アナリストがどちらを重視するかと言えば、両方です。ただ、外資系証券会社をはじめとして海外顧客からの収入に過半を依存しているような会社では、海外投資家からの投票が影響しやすいインスティテューショナル・インベスター誌を重視する傾向があるようです。

これら2誌以外にも、トムソン・ロイター社が主催する「スターマイン・アナリスト・アワード」があります。これは、投資家からの投票ではなく、アナリストの推奨（売りや買い）と収益予想の適切さをデータ解析してランク化したものです。これらランキングに関しては後ほど詳しく述べます。

■アナリストの機能

① リサーチ

アナリストの機能について、主に企業分析を行なうファンダメンタルズ・アナリストを念頭に述べていきましょう。アナリストの多くは企業調査部、株式調査部あるいは（単に）調査部といった調査部門に所属していることから、調査が仕事の中心に置かれていることは自明ですが、調査の範囲は広く多彩です。

基本となるのは、担当する（一般的には「カバーする」と言います）企業の業務、財務、競争力から経営陣、そしてガバナンスに至る詳細な調査はもちろんのこと、当該企業が関係する産業調査も行ないます。また、売上の見込みを左右する商品の供給先の動向などについても入念な調査を行なう必要があります。加えて、サプライチェーンの安全性確保が安定した事業基盤には不可欠ですので、商品の納入先ばかりでなく部品や原材料の供給源に関しても動向調査を怠ることはできません。素材などの川上産業に関しては、資源価格や商品市況が業績に大きく関係してきますので、定期・不定期な市況調査も重要です。

私が担当していた銀行業界に関しては、マクロ経済動向が業績に大きな影響を及ぼすため、マクロチームの調査結果を社内リソースとして活用することはもちろんですが、企業の設備投資の動向から金利の見通しに至るまでマクロ計数に関する調査は欠かすことができませんでした。また、地方銀行に関しては、地域経済が何よりも銀行業績に関係してきますので、担当する銀行の地域に関しても重要な調査対象となります。

調査の方法としては、オンサイト（現場に踏み込んだ調査）とオフサイト（デスクワークなど）に大別できます。

オンサイトは担当企業の事業の現場などから取り込む方法で、その柱となるのが取材です。製造業であれば工場見学、プラント輸出や商社などについては、海外のプロジェクト現場への視察などもここに含まれます。また、会社側が催す説明会やテーマ別セミナー、マネジメント・ミーティングなども、この範疇に入ります。

一方で、オフサイトは財務分析などのデスクワークが中心になります。発表された決算の分析、オンサイト調査から得られた情報の精査と解析、インターネットなどを経由した市場や産業データの取得と分析などです。

余談ですが、地方銀行を担当していない銀行アナリストというのは、工場見学はもちろん、地方に出向いての取材もなく、寂しいものです。ただ、稀にメガバンクのグループ傘下に抱えているノンバンクのコールセンター視察など、臨場感あふれる刺激的なオンサイト調査もありました。

② 分析

様々な情報・データをオンとオフサイトでの調査を通じて数多く獲得したものは、有益なリサーチ・プロダクトを果実として生産するために不可欠な原料となります。しかし、原料が豊富でも、それを加工して生産につなげるような高い技術力は、調査以上にアナリストの腕の見せどころです。以下、分析に係る勘どころについて述べていきます。

第一に、調査と分析は常にフィードバックし合う関係にあることです。調査データが時系列であっても、クロスセクショナルであっても、目立たない異常値を発見することがあります。その原因について会社側に再度インタビューを行なうなどして究明すれば、新たなリサーチの付加価値が見出されることも本当に多いのです。十分な観察力をもたなければ、数字は記号のようなものでしかありません。データ全体をときに俯瞰する、また細かくチェックしながら分析できる能力は、自らが鍛錬して学んでいくしかありません。

第二に、分析とは、データのグラフ化やデータベースの整備を指すのではなく、グラフやデータから読み取れる規則性や不規則性を数多く発見する作業であるということです。また、複数のデータから相関性を見出すことも大切なスキルです。

第三に、企業の決算内容をもとにした財務分析は、前期比や前年同期比などから簡単に変調を捕捉することができます。多くの普通のアナリストは、売上高や原価率などの主要項目のトレンド分析はするものの、細かな項目までは目が行き届かないものです。定例的な分析のほかに、独自性のある着眼点を発見した場合、それを他企業や将来的な分析に応用する知見として常備しておくことが、分析力を高めます。

第四に、分析手法をノウハウとして蓄積していくことが大切です。定例的な分析のほかに、

③ 情報およびそのソースのシェア

アナリストは「分析家」と邦訳される場合が多いため、その響きから研究者のようなイメージを抱かれることがあります。しかし、アナリストはリサーチ・プロダクトを顧客に提供する「生産者兼営業担当」です。したがって、顧客のニーズに即したサービスの提供を常日ごろから意識しなければいけません。

近年の投資家などの顧客は、アナリスト・レポートによる果実（結果）の受領だけでは満足せず、アナリストがその果実を生み出すリソースへのアクセスを求めます。具体的には、企業訪問や企業トップとのミーティングなどといったオンサイト（現場）調査への参加です。企業への取材をアナリストに随行して行なう同行取材、アナリストが企業側と協働して行なうトップマネジメント・ミーティングへの招待などがその一例です。

アナリストは、企業に取材しても、その結果をレポートとして正式に発行するまでは投資家などの顧客に内容を漏らすことは禁じられています。しかし、同行取材であれば、顧客も取材内容に同時に接することができるため、レポートにまとめられない細かな情報を含めて

レポートが出る前に獲得することができます。なお、その同行取材に際しては、アナリストがどこまで切れ味の鋭い質問ができるか否かが付加価値の有無や大きさを左右します。ただし近年、取材の内容については厳しいコンプライアンス上の制約があり、重要情報でなくとも未公表の情報はヒアリングしてはならないため、いかに会話の中から「印象」を獲得できるかが勝負になります。なお、この点に関しては第5章最終節のコンプライアンス関連の情報「法令・ルール遵守の勘どころ」を参考にしてください。

さらに、築き上げたデータベースなども顧客にとっては有益なリソースです。公表されたデータである限りは、顧客へのデータ還元はコンプライアンス上も問題がないため、データのわかりやすい形でのまとめ方などが、顧客にとってはありがたいものです。

④　情報提供

右記③の情報ソースの共有も含まれますが、投資家などの顧客への情報提供はアナリスト業務の中でも最も重要な機能の一つです。いかに優れた取材力と分析力があっても、その果実（結果）を適時的確に顧客に還元しなければ、まったく意味がありません。

具体的な情報提供のチャネルは、電子チャネル、自己営業チャネル、セールスチャネルに大別されます。電子チャネルは、インターネットを通じたレポート配信です。2番目の自己営業チャネルは、アナリスト自らが動いて投資家などの顧客にアクセスするものです。そして、最後のセールスチャネルは、リテール業務（個人向け業務）であれば支店向け、ホールセールであれば機関投資家営業担当者を介した情報提供となります。

自己営業チャネルをより具体的に列挙すると、メール、電話、個別訪問、スモールミーティング、セミナーなどの媒体となります。メールについては、顧客からの質問やリクエストへの対応が主たるものとなります。電話については、メールと重複する部分もありますが、興味深いレポートを発行した後に、そのポイントをアピールする目的での活用なども含まれます。個別訪問、スモールミーティング、セミナーなどは、相手となる顧客が単数か、複数でも少人数か多人数かの差だけで、顧客に対面してプレゼンを行なうものです。

アナリストが投資家から高い評価を受けるためのポイントは、この情報提供機能にあります。

⑤ 政策提言

アナリストは、自身が担当する業界の競争力を阻害している規制や制度の指摘を行なうような政策提言レポートを出すことでも注目を集めることができます。レポートには個別銘柄の売買に直結するアイデアを入れることを要求される場合も多いと思いますが、政策提言はよりロングタームで投資機会を模索する材料を提供します。機関投資家営業を行なうセールス部隊は短期的な売買で手数料を稼げるか否かに関心があるため、こうした長期的なテーマ色の濃いレポートは歓迎しないかもしれませんが、アナリストがより深い洞察力を市場に示し、自らの市場価値を高めるにはもってこいの機会となるでしょう。

詳細は後段の章で述べますが、私は金融危機末期の時代に、不良債権処理を加速させる税制改正を提言し、その後、当局の私的諮問機関に参画しながら法改正実現に至った経験をいまでも忘れません。一アナリストでありながら、自分が愛する業界と国のそれぞれの利益になるような政策にわずかでも関わることができる醍醐味は想像を絶します。

⑥ 戦略提言

政策提言と同様に、担当企業に対する戦略提言も、担当企業とのコミュニケーションを充実させるうえで重要です。戦略提言をアドホックに（限定的に）担当企業との会話の中で述べるのも悪くはないのですが、基本的にはレポートに書いてディスカッションの材料として活用するのが得策です。

企業側にとっても、自分たちをしっかりと見てくれている外部者から客観的に提起されたことは貴重だと思います。また投資家にとっても、こうした課題がこのような戦略展開により会社のバリューが向上するかもしれない、という投資アイデアを得ることができます。

繰り返しになりますが、すでに発生している事象は株式の価格形成に反映されています。そのため、仮説でも戦略提起でも想像力をフル回転させたアイデアこそが付加価値を生み出すのです。

また、こうした戦略的な提案をきっかけとして、企業側との信頼関係も強化できます。余談ですが、信頼関係が厚ければ厚いほど、投資評価をウリにできたり、あるいは会社にとって耳の痛いレポートなどを書いても、クレームもなく受け止めてくれたりするものです。客観性を保つために、担当する企業の立場に立った経営戦略のレビューもアナリストの重要な任務だと思います。

⑦ 現場の生の声に触れる

完全に番外編として、最後に一点付け加えます。ほとんどのアナリストはあまり経験がないと思いますが、担当企業の研修講師として招かれることがあります。私自身は、従業員組合主催の研修会、役員向け、経営幹部候補者向けなど、様々な階層向けの講師を務めさせていただきました。

企業側の狙いとしては、普段は接することのできない外部の目から見て自分たちがどのように評価されているのか、という客観的な視点を取り入れることが挙げられます。もちろん、無報酬です。万が一にも1円でも報酬を受け取れば、独立性が厳しく問われるアナリストの利益相反行為とみなされるので注意が必要です。

では、なぜ貴重な時間を割いてまで、このような依頼を喜んで受けるのでしょうか？

それは、アナリストとしても、ほかに代えがたいメリットがあるからです。通常、アナリストは担当企業とのコミュニケーションにあたって、当該企業のＩＲ部門が相手となります。もちろん、経営陣とのミーティングもありますが、それもＩＲ部門を通したものです。そのため、なかなか現場の生の声に触れる機会がありません。また、ＩＲ部門ではない参加者の雰囲気から、社風や社内の空気のようなものがビビッドに感じられるものです。

これは私の個人的な見解ですが、このような機会は面倒でも積極的に受けることをお勧めします。

■アナリストの資格

アナリストとして働くために不可欠な資格は何でしょうか？

おそらく、多くの人は「証券アナリスト」試験に合格してアナリスト資格を取ることだと思われるかもしれません。しかし、アナリストとして投資家などの顧客と接点をもつための必要不可欠な要件は、証券会社などの自主規制団体であり、かつ行政と協力関係にある日本証券業協会が催す「証券外務員」の資格です。証券外務員とは、有価証券など金融商品の売買あるいは勧誘にあたる人を指していて、デリバティブ（金融派生商品）を含む大半の金融商品を網羅する「第一種証券外務員」と、デリバティブなどを除く金融商品を扱う「第二種証券外務員」に分かれます。試験に合格し、証券外務員として日本証券業協会に登録されなければ、アナリストに求められる投資家に対する営業活動ができません。

証券外務員登録が必要条件とすれば、十分条件にあたるのが「証券アナリスト検定会員」の資格です。これは、日本証券アナリスト協会が主催する通信教育講座と試験から構成されるプログラムで、証券アナリスト（ＣＭＡ：Chartered Member of the Securities Analysts Association of Japan）となるためには、その通信教育講座を受講したうえで第1次および第2次の各レベルの試験に合格し、かつ証券分析の実務経験が3年以上と認定されることが必要です。ただ、実務経験が3年に未達の人は、日本証券アナリスト協会検定会員補（ＣＣＭＡ：Candidate for CMA）となります。２０１6年3月末現在の検定会員数は2万6千名余です。

また、日本証券アナリスト協会では「国際公認投資アナリスト（ＣＩＩＡ：Certified

International Investment Analyst)」という資格の認定も行なっており、国際的に通用する証券アナリストを育成することを目的にACIIA(Association of Certified International Investment Analysts)によって運営されています。ACIIAに参加する海外の協会などとの提携関係(CIIA資格ポータビリティ制度)により海外の加盟協会に入会することができるほか、各地の金融当局が実施している国内試験の一部が免除されます。

そして、代表的なアメリカのアナリスト資格が「CFA(Chartered Financial Analyst)」です。CFAは、日本語の名称が「CFA協会認定証券アナリスト」で、アメリカに本部を置く「CFA Institute」が認定する国際的な投資プロフェッショナルの資格です。このCFAの認定のためには、レベルⅠからレベルⅢに至る三つの試験に合格する必要があります。さらに、4年間以上の職務経験が求められます。もちろん、すべて英語の試験になるため、世界全体のCFA取得者が12万人弱であるのに対し、日本でCFAを取得している人はわずか千名強に過ぎません。日本でも受験が可能で、レベルⅠは年2回、レベルⅡとⅢは年1回の受験チャンスがあります。私も15年前にこの資格を取得しましたが、20冊前後の参考文献を読まなくてはならず、夜中に泣く子供を背負いながら苦労して勉強をした記憶があります。最近では参考書も増えていて、より効率的に勉強することができるようです。

アナリストの実際

■アナリストの一日

① 朝は早い

典型的なアナリストの一日を見ていきましょう。

アナリストの朝はとても早いです。アナリスト、セールス、そしてトレーダーにとって、一日のうちで最も重要と言っても差し支えないのが朝会《あさかい》です。通常は午前7時〜7時半のスタートの会社が大半です。このため、遅くとも午前7時前には出勤しなければなりません。

しかし、重大なニュースが出ていれば、リアクションコメントをレポート発行により発信する必要があるので、朝5時には起床して自宅でニュースチェックを行なうか、かなり早めにオフィスに入って最新の情報を確認しておく必要があります。私は銀行セクターを担当していたため、銀行関連のニュースは日本経済新聞の一面トップを飾ることが少なくなく、自宅でチェックを行なってから通勤電車の中でコメントを頭に刻み付け、出社後急いでレポートを書いていました。レポート発行の大切な裏方であるプロダクションチームとコンプライアンス担当者も早朝から出勤してくれていたので、朝の6時50分くらいまでにレポートを提出すれば朝会前に発行の手続きを行なってくれました。

ただ、朝6時半からニューヨークの顧客とカンファレンスコール（電話会議）が入ることもあり、その場合には6時15分に出勤し、6時半から30分間コールを行ないます。ヨーロッパとの時差は8時間程度のため、日本時間の夕刻であればヨーロッパの顧客と話ができますが、アメリカの特に東海岸の顧客の時計に合わせようとすると深夜か早朝になってしまいます。

このように、ひと仕事終えて、次はいよいよ朝会です。朝会でコメントするには事前エントリーが必要です。前日にエントリーしていれば、カンファレンスコール後に7時15分スタートの朝会に出席するため、トレーディングフロアに向かいます。朝会は日本語と英語のセッションが別の部屋でパラレルに行なわれることが多く、アナリストが入れ替わり立ち代わりそれぞれの部屋でコメントします。英語のセッションには、海外のセールス（機関投資家営業を行なう部隊）もカンファレンスコールの形で参加します。アナリストが話す内容は、コンプライアンス上の理由から発行済みのレポートの範囲に限定されます。2～3分程度のコメントを行なった後に、質疑応答があって終了です。

なぜ朝会が重要かと言うと、アナリストがレポートを書いても、必ずしもすべての投資家が積極的に読んでくれるとは限らないので、アナリストのコメントを受けたセールスが自分の担当顧客に電話やブルームバーグ（電子メディアであるブルームバーグ社のメッセージシステム）などによって売り込んでくれます。このようにして、アナリストの「ここがポイント」というところが、セールスのチャネルを介して拡散されていくのです。これが「セールスはアナリストの最初の顧客」と言われる所以です。

朝会を終えてもコーヒーを飲む暇もなく、続いて重要な顧客へのアナリストコールを行ないます。顧客は数多くの証券会社のセールスから山ほどの電話攻勢にさらされますが、直接アナリストから聞ける話は特別ですので印象が違います。通常、各証券会社は独自のプライオリティリスト（顧客の優先順位を示すリスト）を作成し、手数料などの実績に基づき顧客をティア（階層）分けしています。顧客サイドにとっては大変失礼な話ではありますが、効率的に収益を上げようとすれば、戦略的に高収益源に資源を集中させるインセンティブが働きます。ですから、アナリストはこのプライオリティリストに従って、多い場合30〜50人の顧客へのダイレクトコールを行ないます。また、こうしたコールはシステム管理されている場合が多く、コールをどの顧客に何件行なったかをデータとして管理されることとなります。

一方で、投資家などの顧客は株式市場の取引開始前は非常に忙しく、ボイスメール（留守番電話）のモードにしている人も多いため、メッセージをそこに残す形も多くなります。ボイスメールにしても、直接話す場合にしても顧客の時間は貴重ですので、長話は禁物です。いかにコンパクトで、インパクトのある話ができるかがアナリストの一つの技量となります。

なお、「ボイス・ブラスト」というシステムを使うアナリストも少なからずいます。ボイス・ブラストとは、アナリストが顧客に伝えたいメッセージを録音し、それを一斉に顧客に発信する仕組みです。顧客は、ボイス・ブラストを通じて電話を受けると一方的なメッセージを聞くこととなります。ただ、私はこのシステムを使ったことがありません。この点に関しては、どちらがいいとも言いがたいのですが、私個人的にはあまりお勧めしません。なぜなら、こういったサービスを有用と考えてくれる人も多いとは思いますが、私自身が顧客の立場になって、このメッセージを受けたときにどう感じるかを検討した結果、「迷惑なのでは？」

と考えたためです。また、アナリストを辞めたから言える話ですが、私はダイレクトコールが苦手で、ほかのアナリストが朝会でコメントした日には必ずコールを行なっていたのに対し、私は本当に重要と思えるときにしかコールしませんでした。

② 多忙さは集中する

さて、朝会後のアナリストコールも終えて、次は溜まった受信メールのチェックです。この作業は本来、朝会の前に行なうことが望ましいのですが、業務が立て込んでいる場合はどうしてもコールの後になります。朝開いてメールチェックすると時差の関係から、海外からのメールが圧倒的に多くなります。リクエストや照会も多く、レスポンスについてプライオリティをしっかりと決めてからレスポンスのための作業スケジュールを組み立てます。

アナリストの仕事は、忙しさが集中する傾向にあります。市場が注目するようなニュースが出たときには、朝会のコメントからアナリストコールに至るルーティンに加え、数多くの問い合わせが舞い込みます。直接電話で来る場合もありますが、メールによる質問、セールス担当を通じての問い合わせ、当該事案に関してのカンファレンスコールのリクエストなどが一斉砲火のごとく浴びせられます。

ようやく一息ついて、予定されていた顧客ミーティングに出向きます。例えば、○○投資顧問のアナリストとファンドマネジャー数名へのプレゼンなどです。1時間の設定時間となることが多いので、私はプレゼンを概ね15分程度に抑え、質疑応答中心としました。相手方のアナリストはセクターに精通していますが、ファンドマネジャーは市場全体を見ているため、すべてのセクターについて必ずしも詳しいわけではありません。それぞれの情報レベルに合わせながら、活発な意見交換ができて何とかクリアできるのです。その後、帰りがけに同行したセールスと軽くランチを食べながら社内情勢について情報交換してから、オフィスに戻ります。

③ 反応力を試される

後場（午後の部）が始まるや否や、大きなニュースが飛び出すことがあります。そのとき、問い合わせが来てもレポートが発行されていなければ、コンプライアンスの問題で意見を伝えることができないので、早々に情報収集してレポートを発行しなければいけません。プロダクションチームには緊急扱いということで、たびたび無理を聞いてもらいました。レポートが発行されると直ちに、トレーディングフロアに飛んでいきセールスやトレーダーに第一印象（ファーストテイク）を報告します。その後、顧客対応に追われました。

「やれやれ」と思っていると、もう午後3時を過ぎています。日本の午後3時半（冬時間では午後4時半）はロンドン時間の午前7時半です。ロンドンの日本株（アジア株）セールスに向けた「ロンドンコール」の時間です。ロンドンコールとは、ロンドンおよびヨーロッパ大陸のセールスをつないだカンファレンスコールのことです。このコールも、重要な顧客を抱えたヨーロッパのセールスへの情報提供の機会であり、朝会と同様に大変重要です。外出中の場合でも、外からコールインしてコメントすることも少なくありません。

④　ようやく生産活動

ここまで述べてきたルーティンも終えて、ようやく「生産活動」に入ります。例えば、産業構造の変化に関する深い内容のレポート制作などです。

少し残業して午後8時にパソコンをシャットダウンしてオフィスを出ようとしたところで、電話が鳴ることもしばしばあります。ニューヨークのセールスから問い合わせの電話などです。……そう、残業すればするほど、アメリカ時間に巻き込まれてしまいます。このループに入ってしまうと抜けられなくなりますので、私はほどほどにして帰りました。

■アナリストの将来性

①　アナリストの存在意義はなくなるか

近年では、アナリストの仕事がやりにくくなっています。慣行的に行なわれてきた活動もかなり制約がかかっているほか、世界的金融危機以降、グローバルな規模で投資銀行業界はリストラのフェーズが続いています。さらに、人工知能（ＡＩ）が資産運用の世界に進出し始めており、バイサイド、セルサイドを問わずアナリストの将来を悲観する声を聞き及んでいます。

果たして、アナリストの将来は明るくないのでしょうか？

私は、アナリストの役割は時代とともに変わっていくと考えています。その意味で、環境変化に対応できないアナリストの行く末は暗いかもしれませんが、多くのアナリストは与えられた状況のもとで適応力を発揮しながら、金融市場から引き続き必要とされる存在であり続けると考えています。

② アナリストだからできること

資産運用のＡＩ活用の動きは、今後さらに加速していくでしょう。膨大なデータを適切に処理するばかりでなく、経験から学習する能力を備えたＡＩは人智を超えた領域でパフォーマンスを発揮することが見込まれます。情報処理能力ばかりでなく、行動ファイナンスが示唆する人間の失敗に陥る心配もないでしょう。しかし、企業とのコミュニケーションから感じ取れる「空気」や、空想・想像をフル回転させた独創性などについては、ＡＩが人間であるアナリストを凌駕することはないと思います。

その意味で、数字を分析するだけのアナリストは徐々に不要になっていく可能性はありますが、「手触り感」やインスピレーションに長じ、イマジネーションを駆使できるようなアナリストは代えがたい存在として金融市場に君臨し続けると考えます。

③ 適応力が大切

環境は、風の流れとともに刻々と変化します。いま吹いている風は、決算発表前の取材を代表格として、個別取材による情報収集が難しくなるなど、アナリストの情報的優位性を吹き飛ばす方向へ吹いています。しかし、それは従来型のアナリストスタイルでの対応を難しくしているだけで、アナリストのミッションはより本質的な方向に向いていると思います。

例えば、目先の決算見通しではなく、市場における構造変化などといった産業知見に長けたアナリストが本領を発揮すべき局面に来ていると感じています。
その意味で、私が導いた結論は「アナリストの将来は明るい」というものです。

■アナリストが手にするもの、失うもの

① 客観的評価

私が銀行員のときには、アナリストがどういった仕事をするのか、どうやって飯を食っていくのか知りませんでした。しかし、ご縁があってアナリストに転身して、あまりにも世界が違うので驚きましたが、思い切って転職を決心して良かったと思いました。その理由は以下のとおりです。

第一に、仕事から得られる達成感が可視的でクリアであることです。アナリストが年1回の人気アナリストランキングというサーベイを気にしていることはすでに述べましたが、自分の働きがどのランクで評価されているかを広く知られているメディアで確認できることは、アナリストならではだと思います。

しかし、それだけでなく、日常的に自らの働きぶりの客観的な評価に触れることとなります。それは、顧客からの定期的な「貢献度評価」です。投資家などの顧客は、証券会社への手数料の配分を公正に決定するため、ポイントによる運用等に役立った人の評価を行ないます。対象は、アナリスト、セールス、トレーダー、リエゾン（IR等のアレンジャー）など、証券会社の職員です。そのインターバルは証券会社によって異なりますが、毎月実施する顧客から1年に1度だけのところもあります。この評価を通称「BA（ブローカー・アプレイザ

ル)」、つまり証券会社評価と言います。また、評価の実施を「ボーティング」と言います。この結果は、(一部の会社を除き)証券会社に通知され、その結果が社内で公表されます。したがって、アナリストは、ほぼ毎日のように顧客から示された評価を目にすることとなります。社内での貢献度とともに、セクター内のアナリスト評価の順位も含まれているため、ライバルとの勝ち負けを容易に知ることができます。

このため、会社員としてありがちな、人事権をもつ上司への余計な気遣いなどはまったく不要です。もちろん、上司をしっかりと立てていくことは人間として大切なことですが、実力が常に市場評価にさらされているため、アナリストは「マーケタビリティ」がとても高いのです。つまり、実力さえあれば、他社に移籍することが可能で、プロのスポーツ選手と同じようなものです。

② 自由度の高さ

第二に、アナリストという職種は自己責任ベースの仕事であるため、仕事の自由度が高いことです。社内ルールとしての就業時間は守る必要がありますが、結果さえ残せれば、残業ゼロでも誰にも指弾されることはありません。

したがって、一般の会社ではチームワーク的な色彩が強いため、効率性の高い人間がほかの人の仕事を負担する傾向にありますが、アナリストは自分のペースで働くことができます。

③ 自己実現の場の多さ

第三に、自己実現の場が多いということです。アナリスト・レポートなどは最たる例です。日々、自分の意見をレポートというプロダクトに落とし込むことができ、その評価もすぐに受けることができます。また、雑誌への寄稿や著書の出版などの機会もあるため、様々な形で自己を表現して世に知らしめることができるのです。加えて、すでに述べたような政策提言などを通した政策への関わり合いなども、この自己実現の大きな果実と言えます。

④ ネガティブな側面

一方、アナリストになった場合のデメリットとしては、勝ち負けがはっきりするということが挙げられます。これは良いとも悪いとも言えませんが、評価が芳しくない場合は、それが露見しやすいということです。ですから、会社によっては、評価が悪いアナリストに早期退職を迫る場合もあります。これもプロのスポーツ選手と同じで、一般ビジネスパーソンと比べれば安定性に欠けるように見えるかもしれません。

また、過酷な労働を迫られる場合もあります。特に、アナリストとして駆け出しで修業時代のときは、ある程度の労働量の多さを甘受する必要があります。私は銀行業界からシニアアナリストに転身できたのでそういった経験はしませんでしたが、若手はアソシエイトやジュニアアナリストとして、シニアアナリストに弟子入りすることになります。厳しいシニアアナリストに師事すると、朝も夜もなく厳しい仕事の毎日が続く場合もあります。しかし、この困難を乗り越えれば、輝かしいシニアアナリストとして綺羅星となることができるのです。

アナリストに求められる六つの能力

■共感力――学者ではないアナリスト

リサーチという言葉の響きからは、アナリストに研究室でひたすら研究に没頭する学者的な仕事ぶりをイメージする人もいます。しかしアナリストには、学術的なサーベイを行なう学者とはまったくかけ離れた働き方と能力が求められます。

その最たるものが、「コミュニケーション能力」です。金融業界ばかりでなく、コミュニケーション能力は営業センスの重要な要素ですが、アナリストは研究者ではなく営業職と言ってもおかしくない存在です。前の「アナリストの一日」のところでも説明しましたが、セールス部隊を介した対応を含めれば、アナリストの職務の大半は直接的ないしは間接的な「顧客対応」です。顧客対応で、顧客の信頼を勝ち取るために必要条件となるのはコミュニケーション能力です。

しかし、一口にコミュニケーション能力と言っても、表現力、論理構成力、語彙力、共感力、話術力、洞察力など、様々な能力がコミュニケーション能力を構成しています。これらの中で、アナリストにとって必要不可欠な因子は、相手の気持ちをつかみ取る能力、すなわち「共感力」です。

対面でも、電話でも、あるいはメールの場合でさえ、相手の話の内容、声のトーン、雰囲気などから「空気を察する」ことは、コミュニケーションの最も基礎的な能力です。いかに話し上手でも、相手が多忙である状況をわきまえずに話し続けることは迷惑でしかありません。また、相手の興味のない話を延々と饒舌に語るよりも、朴訥と相手の知りたいことを話すほうが、その相手からの評価を高めることに直結するのは自明です。

アナリストは話し上手であるに越したことはないのですが、口下手であることがコミュニケーション上の致命傷にはなりません。アナリストランキングの最右翼であるインスティテューショナル・インベスター誌は、アナリストランキングで10年以上連続してトップ1位となったアナリストを殿堂入り（Hall of Fame）させていますが、２０１６年3月末現在14名を数える殿堂入りアナリストの中で、私が知るトップアナリストも、そして私自身も日常生活では口が重いほうで、必ずしも話し上手とは言えません。ただ、「感受性」は高いことが二人の共通点だと思います。感受性は共感力の前提です。

■問題設定力——解答者ではないアナリスト

いま現役で活躍しているアナリストでさえ、自らのミッションは与えられた環境で妥当なソリューションを提供することだ、と考えていると思います。しかし、アナリストが求められる能力はそれほど単純なものではありません。少し概念的な話をしましょう。

「A＋B」を解いてCを導き出すことに、付加価値は生まれません。なぜなら、すべてのアナリストや投資家は、ほぼ同時にその問いを与えられているため、一人のアナリストが真っ先に正解にたどり着く可能性は必ずしも高くないためです。つまり、「A＋B＝C」を導き出すことがアナリストの付加価値を高めることにはならないのです。

アナリストが真に求められるのは、「Ａ＋Ｂ×Ｘ＝Ｙ」をつくり出す能力です。すなわち、「Ａ＋Ｂ」という市場参加者のすべてに与えられる命題ではなく、さらに「×Ｘ」という新たな命題を自ら提起することにより、今後の環境変化への対応を喚起することができるのです。

アナリストには、問題解決の能力が求められます。しかし、さらに自らの能力を世に示すには、その上をいく「問題提起する能力」が必要だということです。

■想像力と創造力――分析家ではないアナリスト

繰り返しになりますが、アナリストは、日本語で訳せば「分析家」です。しかし、証券アナリストの役割は、厳密には分析家ではありません。分析は「過去」の事象が対象です。しかし、株式市場が知りたいのは「将来」です。そのため、アナリストには将来を展望する力が必要とされます。つまり、「想像力」です。

それだけでなく、現状から将来の姿をつくり上げる「創造力」も同時に求められます。想像力にしても創造力にしても、共通するのは「頭の体操」です。現状を適切に分析することは大切ですが、それをもとに将来どういう影響があるのかを想像し、業界の未来ランドスケープを創造する能力が求められるのです。

仕事に追われていると、このブレインストーミングを行なう余裕がなくなります。そのために、多くのアナリストは、ブレインストーミングを行なう前の段階で疲弊して作業を終了してしまいます。しかし、それでは投資家などの顧客が真に求める情報をつくり出すことにはなりません。アナリストには、過去を振り返りながら分析を施すと同時に、将来を想像・創造する力が何よりも求められるのです。

要約すれば、左脳（分析力）と右脳（想像力）をフル回転することが、アナリストの頭の使い方なのです。この点は、後の章で解説しましょう。

■行動力――デスクワーカーではないアナリスト

前述の「アナリストは学者でも分析家でもない」という説明でご理解いただけたとも思いますが、アナリストは当然、デスクワーカーではありません。

投資家訪問などの営業活動は、基本的に顧客先に出向くことになります。また、担当企業の取材やフィールドワークなど、席を温めるというよりは、フットワークで勝負する部分が多くあります。インプットの途中で何かアイデアが浮かべば、検証のために外へ出ることも必要になります。ですから、「行動力」もアナリストの大切な素養です。世界に飛び出して、世の中の動向をつぶさに見て、企業の活動を間近に観察することで、ビビッドな情報を獲得できるとともに、より現実的な創造力を働かせることができるのです。

もしも、一日中机に向かってリサーチ活動をしたいなら、アナリストという職業は選ばず、純粋な研究者を選ぶべきでしょう。

■受容力――アナリストは臨機応変

いままで掲げたアナリストがもつべき能力の各要素から、アナリストをあまり知らない方にとってはアナリストの仕事に対するイメージが少し変わったかもしれません。リサーチ中心の「静」というより、アクティブな「動」がアナリストの本質だと私は考えます。そもそも金融市場は、秒単位で局面が変わるダイナミックな場です。これに適時的確に対応していくためには、動的な素養が重要となってくることは自明でしょう。

その延長線上でアナリストに求められるのは、「受容力」であると考えます。本書の第1部でもこの言葉について触れましたが、アナリストにとっては特に大切な能力です。アナリストは鋼鉄の信念に基づき意見を表明しますが、現実はその意見から離れていく場合がよくあります。また、まったく念頭になかった「想定外」の出来事が数多く発生するのが金融市場です。そのため、必ずしも自らに都合の良くない環境を真摯に受け止めることが求められます。厳しい状況を受け止め、臨機応変に適切なビジョンを示すのが、アナリストにとって大切なことなのです。

この受容力を支えるのが、「柔軟性」と「決断力」です。揺るがない決心で意見を述べ、自身の考えに責任をもつことは大切ですが、それに固執することは危険です。行動ファイナンスが教える陥りがちな過ちに、第2章でも述べた「認知的不協和」に伴う自己正当化あるいは合理化というものがあります。自らの意見に縛られることによって、事態がそこから乖《かい》離《り》していっても、その乖離に何らかの理由づけを行なうことで主張の正当化を行なうのが、この自己正当化あるいは合理化です。

過ちは認めて反省をし、そして状況に適合した考えへと軌道修正する勇気と柔軟性が重要なのです。

■関心力――アナリストは探検家

アナリストが備えておくべき能力として「関心力」を付け加えたいと思います。完全に私の造語ですが、「旺盛な好奇心」と「貪欲な探究心」を合わせて関心力と呼ぶこととします。アナリストが担当するセクターに対して興味がわかないという不幸はまずないとは思いますが、関心のないところには業界をトコトン極めようというインセンティブが存在しません。

この関心力があれば、自らが担当する産業全体と個別企業について業界人以上に豊かな知見を得ることができます。製品やサプライチェーンなどの知識はもちろんのこと、業界の裏事情や業界内の人間関係、マインドセットなどについての「土地勘」を兼ね備えれば、投資家などの顧客に対する説得力は増します。

私のように金融業界出身者であれば、こうした知見の蓄積と活用はさほど困難ではありませんが、新卒あるいは業界未経験での転職で純粋に証券会社に入社してアナリストとなった方にとっては決して簡単ではないと思います。私の知人には、証券会社をいったん退職して担当業界に転職した後、アナリストに復帰するような人もいるほどです。やはり、探究心をフル回転させるためには、担当企業への食い込みをより先鋭化させるしかないと思います。そうすれば、なかなか難しいことだけに、ほかのアナリストにない懐の深さを手に入れることができます。

第5章 アナリストとしての必要条件

アナリストとしての教養

■アナリストの統計学

① 記述統計量（要約統計量）

・リスクとは——損失ではない

私が勤務している大学のゼミの学生に次の質問をしました。１００％の確率で10％の損失をもたらす投資機会と、50％の確率で40％の収益率、50％の確率で10％の収益率をもたらす投資機会があるとしたら、どちらがより大きな「リスク」があると言えるでしょうか？

14名のゼミ生全員が、前者に手を挙げました。

一般的にリスクの定義は、危険や損失を意味しますし、同じ金融の世界でも保険分野では損失を含めた概念を指しますので、学生たちの反応は無理もありません。しかし、投資の世界でリスクとは「不確実性」です。100％の確率が意味するところは、「不確実性がない」ということです。不確実性のないところにリスクは存在しません。

例えば、2016年に入ってから、日本銀行がマイナス金利政策をスタートさせました。その結果、国債の利回りがマイナスとなることも珍しくなくなりました。国債を満期前に売却しないこと、国債がデフォルトしないことを前提とするならば、マイナス金利という確実に損失を保有者にもたらす国債は、引き続き「安全資産」であることからも明らかだと思います。つまり、金融論の世界では「損失＝リスク」ではありません。

前置きが少し長くなりましたが、金融統計学の基本は、リスクの取り扱いであると思います。リスクは不確実性、あるいは変動性を指すことは述べましたが、具体的にはリスクを表象する数量は、「標準偏差」や「分散」になります。

・データの特性――モーメント

アナリストは数多くのデータを処理することが多いのですが、データがどのような特性をもっているかを表す統計数値を「記述統計量」や「要約統計量」と言い、その代表が平均です。そして、平均からデータ全体がどの程度の散らばり方かを示すのが標準偏差や分散であることは一般常識として知られていると思います。金融では株価パフォーマンス、アナリスト分析では売上など、不確実性を伴いながら変動するものについて、その最も発生し得る数値を「期待値」として平均で求め、変動の大きさを標準偏差や分散で表現します。

図表11 記述統計量の計算

【離散データ（個別のデータ）に基づく統計量算出】

○標本データが$x_1, x_2, \cdots, x_n$のn個の場合

◇平均（算術平均）μ（ミューと読む）：$\mu = (x_1 + x_2 + \cdots + x_n)/(n = \sum_1^n x_i)$

◇標準偏差σ（シグマと読む）：分散の平方根　$\sigma = \sqrt{\sigma^2}$)

◇分散σ^2：標本分散$\sigma^2 = \sum_1^n (x_i - \mu)^2/n$

◇変動係数：標準偏差を平均で割ってばらつきの程度を示したもの＝σ/μ

【ポートフォリオリターンの統計量算出】

○リスク資産Xの収益率をr_X、安全資産の収益率をr_f、資産構成比をw_X

◇r_Xの平均的に得られる収益率＝期待収益率$E(r_X) = \mu_X$

◇安全資産の期待収益率$E(r_f) = r_f$（一定）

◇ポートフォリオの期待収益率$E(r) = w_1 E(r_1) + w_2 E(r_2) + \cdots + w_n E(r_n)$

$= w_1 \mu_1 + w_2 \mu_2 + \cdots + w_n \mu_n$

◇ポートフォリオの分散$\sigma^2 = \sum_{i=1}^n \sum_{j=1}^n w_i w_j \sigma_{ij} = \sum_{i=1}^n \sum_{j=1}^n w_i w_j \sigma_i \sigma_j \rho_{ij}$

※σ_{XY}はXとYの共分散、ρ_{XY}はXとYの相関係数

少し統計学的な説明を加えれば、株価や売上などは固定されていないため、「確率変数」となります。確率変数の分布を特徴づけるものを「モーメント」と言って、1次モーメントは平均、2次モーメントは標準偏差や分散、3次モーメントは確率分布の左右対称からの歪みを表す歪度、4次モーメントは確率分布の山の頂上付近の尖り方を示す尖度と言います。3次と4次は正規分布からの乖離を示すものなので、正規分布を前提とした統計処理が多く、2次までの統計量で間に合うため、基本的には平均と標準偏差のみを記述統計量できっちり把握しておけば心配ありません（分散の平方根なので標準偏差を抑えておけば分散もカバーされます）。

なお、投資理論で用いるポートフォリオの期待収益率や分散に関しては、図表11を参照してください。

② 回帰分析

・アナリスト予想で使われる統計学的手法――回帰分析

アナリストが最も頻繁に用いる統計学的手法は「回帰分析」です。例えば、ビールの売上と夏場の平均気温との関係など、ビール売上高と7～8月の平均気温という二つの種類の標本集団の間に因果関係を見つけて、求めたい将来の数値（このケースではビールの売上高）を推定するのに活用します。

回帰分析では、他の変数を材料として求めたい対象を被説明変数または従属変数と言い、この場合はビールの売上高が被説明変数となります。また、この材料となる変数を説明変数または独立変数と言って、このケースでは気温が該当します。過去のデータを分析した結果、1度気温が上がるごとに売上が1万ケース増えるような関係がわかれば、1次関数により表されることになるため、線形（直線で表される関係）での関係が推定できます。具体的には、気温が0℃のときのビールの売上高が切片、気温1℃上昇によるビールの売上高増分が傾きとなります。

この手法は、アナリストが企業分析や市場分析において将来予想を行なう場合に有用です。説明変数が一つの場合を単回帰、二つ以上の場合を重回帰と言いますが、いずれの場合も表計算ソフトで手軽に相関性を分析することができます。

・線形回帰の方法――重回帰の留意点

右記のような1次関数として表せる推定式の回帰分析を行なう場合は、最小自乗法による処理を行ないます。気温が説明変数で、ビールの売上高を被説明変数とする場合、ビールの売上高をY座標、気温をX座標として、切片と傾きの推定を行ないます。切片と傾きに推定値を入れれば、後は説明変数に気温のデータを入れて、ビールの売上高がどうなるかが推定されます。このときのビールの売上高推定値と、その気温に対応する実際のビールの売上高との差を「残差」と言いますが、最小自乗法ではこの残差を自乗して、すべてのデータについての残差の自乗を足しあげていきます。この合計を「残差平方和」と言います。残差平方和が最小となるような「切片と傾きの組み合わせ」を見つけるのが最小自乗法の仕組みです。

以上は単回帰の例ですが、説明変数が複数になる重回帰でも原理や考え方は同じです。ただ、説明変数が複数となるため、その係数も同様に多くなります。この説明変数の係数を「偏回帰係数」と言います。ただし、重回帰の場合に特に注意しなければならない点が二つあります。一つは、説明変数が増えればそれだけ自由度が小さくなるため、データ数が限られる場合は説明変数の数を限定したほうが無難だと思います。もう一つは、「多重共線性」の問題です。説明変数はそれぞれが独立であることが前提ですが、説明変数間で相関性がある場合は、偏回帰係数の符合が理屈と反対となるなどの現象を招くおそれがあります。

・実際の回帰分析——表計算ソフトで簡単に

以上、回帰分析について説明しましたが、文章化してもなかなか実感がつかめないと思います。しかし、実際に表計算ソフトを活用して回帰分析を体験すれば早く習得できると思います。エクセルシートの場合は、「データ」の「データ分析」を選択し、「回帰分析」を指定

図表12　日米国債利回りの回帰分析の統計量一覧

概要

回帰統計	
相関係数	0.8520
決定係数	0.7259
補正R2	0.7250
標準誤差	0.0095
観測数	300

分散分析表

	自由度	変動	分散
回帰	1	0.0708	0.0708
残差	298	0.0267	0.0001
合計	299	0.0975	

	係数	標準誤差	t	P-値	下限95%	上限95%
切片	0.029	0.001	32.096	0.0000%	0.0272	0.0308
X値1	0.868	0.031	28.091	0.0000%	0.8074	0.9291

図表13　日米10年物国債利回りの散布図

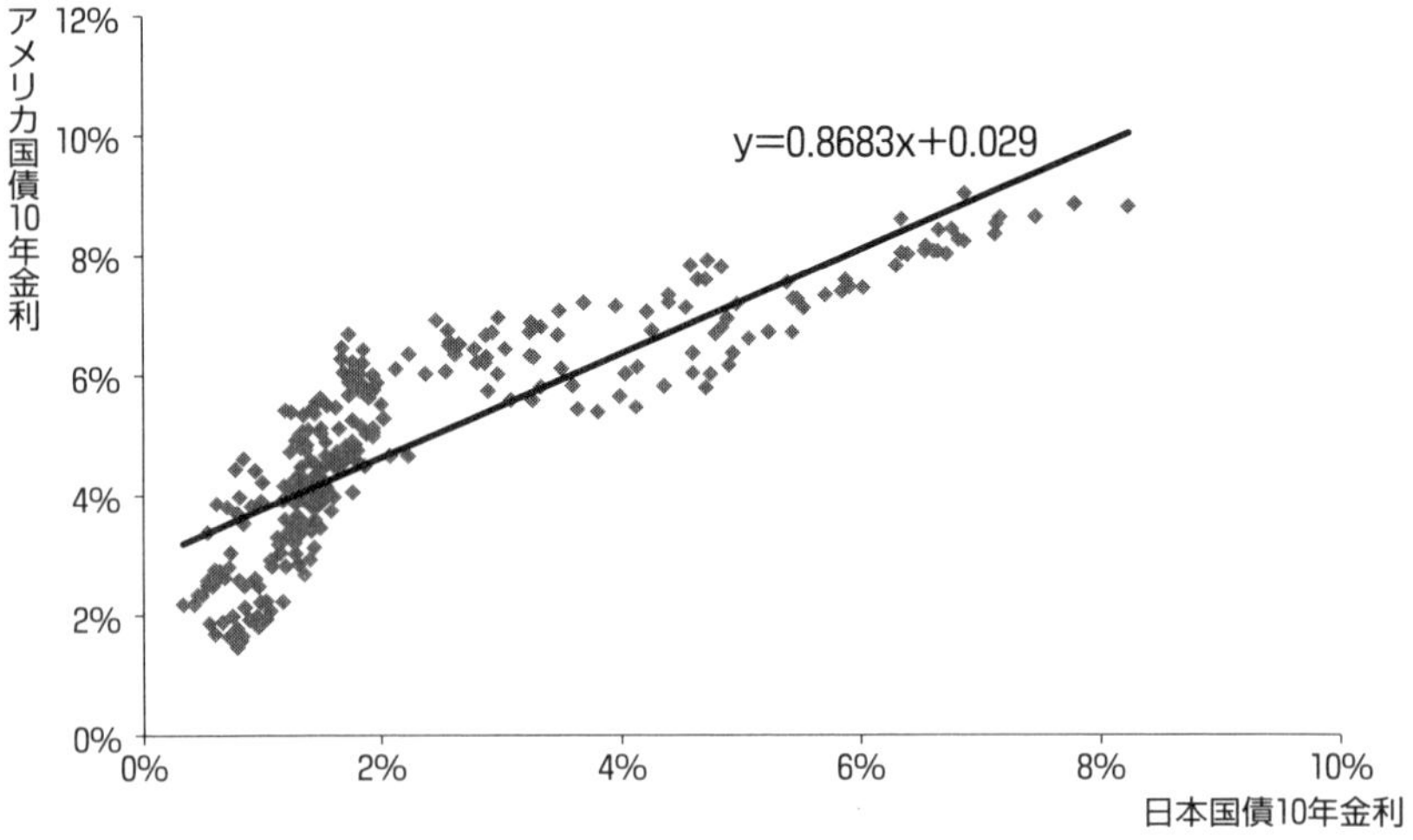

すれば後は指示に従うだけです。なお、デフォルト（初期設定）でデータ分析が設定されていない場合もあるので、そのときは「ファイル」の「オプション」から「アドイン」でデータ分析を設定する必要があります。それほど難しくないので是非やってみてください。

実際に回帰分析を行なった例が、右の二つの図表です。日本とアメリカの国債利回りの関係を回帰分析した結果が、図表12に統計量として表されています。相関係数（r）や決定係数（r^2）は後で説明します。t値は、それぞれの偏回帰係数の統計的有意性を示していて、何%以上の信頼区間で有意とみなせるかによりますが、1・96以上であれば95%の信頼区間で有意とみなせます。詳細はt分布表を調べましょう。

図表13は、日本国債10年物利回りを横軸、アメリカ国債10年物利回りを縦軸に30年間の週次データでプロットしたものですが、図表中の直線が表計算ソフトから最小自乗法に基づき推定された回帰式です。

図表14　相関係数の算出

◇相関係数 $r=\dfrac{\sigma_{xy}}{\sigma_x\sigma_y}$

※ σ_xは標本集団x（例えば、気温）の標準偏差

σ_yは標本集団y（例えば、ビール売上）の標準偏差

σ_{xy}は両者の共分散：$\sigma_{xy}=\sum_1^n(x_i-\mu_x)(y_i-\mu_y)/n$

回帰分析の統計量にも出てきましたが、二つの線形的な関係性を表したものが、図表14で算出される「相関係数」です。相関係数は-1と1の間の値を取り、-1か1に近いほど高い相関性があると判断でき、0に近いほど相関性がない、あるいは低いと考えられます。また、相関係数の自乗r^2は決定係数と呼ばれ、0から1の間の値を取ります。

■アナリストの数学

① 金利と複利計算から連続複利計算まで

・簡単な複利計算

金利の計算方法には、単利と複利がありますが、金融の世界では複利を前提として考えられています。元本をP、金利をrとした場合のn年後の元本と利息の合計X（元利金と言う）は「$X=(1+r)^nP$」です。

金融ではいまの金銭的価値を現在価値（PV）、金利と時間の概念を踏まえた将来の金銭的価値を将来価値（FV）と言いますが、前述の複利計算を用いて現在価値と将来価値を表すと図表15に示した関係になります。

図表15　単純複利（年利）による現在価値と将来価値

◇$FV=(1+r)^nPV$

◇$PV=\dfrac{FV}{(1+r)^n}$

・複雑な複利計算

金融数学では自然対数の底である「e」、つまりネイピア数をよく使います。ネイピア数を使った指数関数であるe^xは何度微分しても姿が変わらないため、とても使い勝手が良いからです。

先ほど単純な複利計算に触れましたが、「究極的な複利計算」を行なうと、このネイピア数が登場します。元本をP、金利（年利）をr、n年後の元本と利息の合計をXとします。ここまでは先ほどと変わりません。さらに1年間にk回利息がつくとします。kが2ならば、年2回ということで半年複利、4であれば3か月ごとに利息が付くので3か月複利になります。kを無限に増やして行なった場合はどうなるか、図表16を見てください。最後にネイピア数のrn乗になることがわかると思います。

②無限等比級数

・級数の基本──等比数列はよく使う

キャッシュフローを現在価値に割り引いて、企業価値を算定することはアナリストが日常茶飯事に行なう手法ですが、これは前述の現在価値への割引と無限級数の組み合わせになります。1株あたりの利益が一定の成長率で増加していく場合の株式の価値を計算するには、会社が永遠に存在する前提であれば、成長率を公比とする数列の現在価値への割引を算出することとなります。

図表16 連続複利による現在価値と将来価値

◇1年間の複利計算：1回の利率$=\dfrac{r}{k}$で、

1年にk回複利で回転するため、元本に$(1+\dfrac{r}{k})^k$掛ける。

◇n年間の複利計算：上記のn乗となるので、

$X=P\times(1+\dfrac{r}{k})^{kn}$となる。

◇kが無限大になると、以下のとおり。

$$X=\lim_{k\to\infty}P\times\left(1+\frac{r}{k}\right)^{kn}=\lim_{k\to\infty}P\times\left(1+\frac{1}{\frac{k}{r}}\right)^{\frac{r}{k}\times rn}$$

$$=P\lim_{k\to\infty}\left(1+\frac{1}{k/r}\right)^{k/r\times rn}$$

◇ここで、$\lim_{x\to\infty}\left(1+\dfrac{1}{x}\right)^x=e$であることを使うと、

$$X=P\lim_{k\to\infty}\left(1+\frac{1}{k/r}\right)^{k/r\times rn}=Pe^{rn}$$

こうした金融実務への応用では、等差数列はほとんど用いないので、等比数列に限定して説明しましょう。1年目の利益が10で毎年2%の成長が期待できる会社の利益は、初項10、公比1・02の等比

図表17　等比級数の算定方法

【等比級数】

◇初項a、公比xの等比数列$x_n = ax^{n-1}$

◇級数（数列の合計）S_nは以下のとおり。

$S_n = a + ax + ax^2 + ax^3 + \cdots + ax^{n-1}$

この両辺にxを掛けると、

$xS_n = ax + ax^2 + ax^3 + \cdots + ax^{n-1} + ax^n$となる。

この二つの式の差を取ると、

$(1-x)S_n = a + ax^n$となり、

これを変形して、次のようにS_nを導く。

$$S_n = a\left(\frac{1-x^n}{1-x}\right)$$

【無限等比級数】

◇$S = \lim_{n\to\infty} S_n = a + ax + ax^2 + ax^3 + \cdots + ax^{\infty}$

・xの絶対値が1以上になると、

ax^{∞}の値は無限に大きな数になるので、$S = \infty$（発散）

・$-1<x<1$であれば、ax^{∞}の値はゼロになるので収束する。

◇$S = \lim_{n\to\infty} S_n = a + ax + ax^2 + ax^3 + \cdots + ax^{\infty}$、

この両辺にxを掛けると、

$xS = ax + ax^2 + ax^3 + \cdots + ax^{\infty}$となる。

この二つの式の差を取ると、

$(1-x)S = a$となり、

これを変形して無限等比級数を導く。

$$S = \frac{a}{1-x} \quad ただし、-1<x<1$$

数列になります。

等比数列の和を等比級数、その数列が無限となる場合は無限等比級数と言いますが、図表17でその算定方法を確認してください。等比級数の算定は表計算ソフトで簡単に行なえますし、無限等比級数は公式で収束値が与えられますが、原理を確認しておくことはそれなりに

図表18 株価の公正価値の算定方法（配当割引モデル）

【一株あたり利益が一定のケース（成長率がゼロの場合）】

◇株価の公正価値 $P=S_n=\dfrac{E}{1+r}+\dfrac{E}{(1+r)^2}+\cdots+\dfrac{E}{(1+r)^n}$

この両辺に $(1+r)$ を掛け、$(1+r)S_n=E+\dfrac{E}{1+r}+\cdots+\dfrac{E}{(1+r)^{n-1}}$

両者を引いて整理すると、$S_n=\dfrac{E}{r}-\dfrac{E}{r(1+r)^n}$ $\therefore \lim_{n\to\infty}S_n=\dfrac{E}{r}$

したがって、株価の公正価値 $P=\dfrac{E}{r}$

【利益成長率が一定のケース（成長する場合）】

◇株価の公正価値 $P=S_n=\dfrac{E}{1+r}+\dfrac{(1+g)E}{(1+r)^2}+\cdots+\dfrac{(1+g)^{n-1}E}{(1+r)^n}$

両辺に $\dfrac{1+r}{1+g}$ を掛け、$\dfrac{1+r}{1+g}S_n=\dfrac{E}{1+g}+\dfrac{E}{1+r}+\cdots+\dfrac{(1+g)^{n-2}E}{(1+r)^{n-1}}$

両者を引いて整理すると、

$(r-g)S_n=E-\dfrac{(1+g)^nE}{(1+r)^n}$ $\therefore S_n=\dfrac{E}{r-g}-\dfrac{(1+g)^n}{(1+r)^n}\times\dfrac{E}{r-g}$

$\lim_{n\to\infty}S_n=\lim_{n\to\infty}\dfrac{E}{r-g}-\lim_{n\to\infty}\dfrac{(1+g)^n}{(1+r)^n}\times\dfrac{E}{r-g}$ で、$g<r$ であれば $\lim_{n\to\infty}\dfrac{(1+g)^n}{(1+r)^n}=0$

したがって、株価の公正価値 $P=\dfrac{E}{r-g}$ となる。

意味があることだと思います。

・無限等比級数の活用

アナリストが企業価値を計算する場合、フリーキャッシュフローを予想し、それを現在価値に割り引いて計算します。より技術的には、アナリストが予想可能な期間までは具体的な数値を予想し、それを超える期間についてはキャッシュフローが一定か、あるいは一定割合で成長するかの前提を置いたうえで「ターミナルバリュー

（継続価値）」を算定します。ターミナルバリューはまさに無限等比級数です。

また、「株価の公正価値（フェアバリュー）」を算定するときの配当割引モデルも同様です。初項を今年度末の配当、成長率と現在価値への割引に用いる金利が公比を形成する数列になります。厳密には、各年度の配当の現在価値を数列とする無限等比級数が株価の公正価値になります。

では、配当しなかった留保分も株主に帰属すると考えた場合における株価の公正価値の計算を行なってみましょう。株価の公正価値をP、初年度の1株あたり利益をE、成長率をg、資本コストをrとします。前ページの図表18では、成長率をゼロとした場合と成長する場合に分けて解説しています。結論として、利益を資本コストと成長率の差で除するお馴染みの公式が導かれることが確認できます。

③　キャッシュフローの金利リスク

・債券とデュレーション

前で数学的な知見として、一定のキャッシュフローを現在価値に割り引いたものから株価の公正価値を導く方法を述べてきましたが、この考え方は債券の価格形成と同じようなアプローチになります。あえて付け加えれば、会社が永久に存続する前提であれば永久債と類似した位置づけとなります。そこで、株価形成に影響する資本コストのベース部分である金利が債券価格に及ぼす影響について数学的な解説を加えたいと思います。

債券は、残存期間が長いほど金利リスクが大きいと言われます。額面100万円の債券で

図表19 デュレーションの算定方法

◇デュレーション$D=\left(1\times\frac{c}{1+r}+2\times\frac{c}{(1+r)^2}+\cdots+n\times\frac{100+c}{(1+r)^n}\right)/P$

※利率c%、額面100、価格P、期間n年、市場金利rとする。

期間1年と10年の場合を比較します。全期間の金利が5%上昇したとします。期間1年であれば、新規発行債券と受取利息の差はわずかに5万円です。便宜上、複利計算を行なわなければ、債券価格は5万円下落します。しかし、10年のほうは、新規発行に比べ5万円の受取利息の差が10年間累積するため、50万円の差になります。つまり、期間10年の債券は、（時間的価値を度外視して単純化すれば）100万円の価格は半分になってしまう計算です。

この期間の考え方をより精密にしたものが、「デュレーション」です。デュレーションは、債券からのキャッシュフローの平均回収期間で、各期間に得られるキャッシュフローを現在価値に引き直して加重平均することにより算出されます。割り引く金利が低ければ、当然満期の元本のキャッシュフローが大きくなるので、デュレーションは債券の残存期間に近くなります。しかし、金利が高いと将来のキャッシュフローほど現在価値が小さくなってしまうため、デュレーションは短くなる傾向があります。

言葉の説明よりも数値的な例がわかりやすいと思いますので、図表19に単純なデュレーションの算定方法を示しておきます。

ご覧のとおり、デュレーションは債券価格の変動率となっています。これは、キャッシュフローの現在価値の総和が債券価格になるからです。

図表20-1　金利上昇と債券価格の下落（微分による算出）

◇債券価格$P=\frac{c}{1+r}+\frac{c}{(1+r)^2}+\cdots+\frac{100+c}{(1+r)^n}$

$=c(1+r)^{-1}+c(1+r)^{-2}+\cdots+c(1+r)^{-n}$

◇金利が変化したときの債券価格の変化を調べるため、金利rで微分すると、

$$\frac{dP}{dr}=-c(1+r)^{-2}-2c(1+r)^{-3}+\cdots-n(c+100)(1+r)^{-n-1}$$

$$=-\left\{1\times\frac{c}{(1+r)^2}+2\times\frac{c}{(1+r)^3}+\cdots+n\times\frac{100+c}{(1+r)^{n+1}}\right\}$$

この式とデュレーションの式を比較する。

◇デュレーション$D=\left(1\times\frac{c}{1+r}+2\times\frac{c}{(1+r)^2}+\cdots+n\times\frac{100+c}{(1+r)^n}\right)/P$

これを$(1+r)$で割ってみると、

$$\frac{D}{1+r}=\left\{1\times\frac{c}{(1+r)^2}+2\times\frac{c}{(1+r)^3}+\cdots+n\times\frac{100+c}{(1+r)^{n+1}}\right\}/P$$

◇債券価格の微分値とデュレーションの構造は同じであることがわかったので、以下のように変形できる。

$$\frac{dP}{dr}=-\left\{1\times\frac{c}{(1+r)^2}+2\times\frac{c}{(1+r)^3}+\cdots+n\times\frac{100+c}{(1+r)^{n+1}}\right\}=-\frac{D}{1+r}P$$

つまり、金利の変化に伴う債券価格の変化率は、以下のようになる。

$$\frac{dP/P}{dr}=-\frac{D}{1+r}$$

※$\frac{dP}{dr}$は金利が上昇したときの債券価格の変化であるが、

$\frac{dP/P}{dr}$は金利上昇したときの債券価格の変化率

図表20-2　金利上昇と債券価格の下落（ネイピア数による算出）

◇債券価格$P=Ce^{-r}+Ce^{-2r}+\cdots+Ce^{-nr}+Fe^{-nr}=C\sum_{i=1}^{n}e^{-ir}+Fe^{-nr}$

※Cはクーポン、Fは発行額面

◇金利が変化したときの債券価格の変化を調べるため金利rで微分すると、

$$\frac{dP}{dr}=C\sum_{i=1}^{n}-ie^{-ir}+(-nFe^{-nr})$$

◇結果として、

$$\frac{dP/P}{dr}=-De^{-r}$$

※$\frac{dP}{dr}$は金利が上昇したときの債券価格の変化であるが、

$\frac{dP/P}{dr}$は金利上昇したときの債券価格の変化率

・金利変動と債券価格

市場金利が変化した場合の債券価格の影響について、簡単な微分を使って考えてみたいと思います。債券価格Pが金利rの微細な変化にどう影響されるかを図表20－1のように考えます。例に出てくる債券の利率や債券価格はデュレーション算定のものと同様です。なお、現在価値への割引に伴い、割引ファクターが分数の分母となっていますが、微分をわかりやすくするため、マイナス乗の表記に変えてあります。

また、前でネイピア数を用いた連続複利も紹介しましたので、図表20－2の算定方法も併せて参考にしてください。結果としては、いずれの算定方法でも同じ結論となります。

このように、金利の変化による債券価格への影響はデュレーションで簡単に表されることがわかりました。債券価格の下落率をデュレーションで表現すると、Dを（$1+r$）で割った形で表されますが、これを「修正デュレーション」と言います。

なお、金利の微細な変化による債券価格への影響を精緻に分析するには、テーラー展開から2次の導関数、つまり債券価格を金利について2回微分をして補正する必要がありますが、これを「コンベクシティ」と言います。この解説については、拙著『トップアナリストがナビする金融の「しくみ」と「理論」』（同文舘出版、2015年）をはじめ、金融論のテキストを参照してください。

さて、ここまで株価と債券価格の形成に関する共通点から、金利が債券価格に対してどういった形で影響するかを見てきました。ここから得られる株式の世界に対する洞察として、金利上昇が資本コスト増加をもたらして株価にマイナス影響を与えること、金利が高いほどターミナルバリューより足元のキャッシュフローが大切なことなどがご理解いただけたかと思います。

財務分析の勘どころ

■分析の前に重要な知識

① 会計基準

本書では財務分析のすべてを網羅することはできませんので、アナリストにとって重要なエッセンスのみを述べていきたいと思います。本論に入る前に、いくつか注意点を挙げておきます。

まずは、会計基準の違いです。ほとんどの日本企業は、わが国の企業会計原則に基づいて決算処理と財務報告を行なっていますが、企業によっては米国会計基準（ＵＳＧＡＡＰ）や国際財務報告基準（ＩＦＲＳ）に準拠している場合もあります。また、日本基準と前記いずれかの基準の二本建てで業績開示を行なっている会社も存在しています。

基準により貸借対照表も損益計算書も大きな乖離が出てしまう場合があるので、異なった決算処理を行なっている企業間の「アップル・トゥ・アップル」での財務比較は困難です。各業界共通で異なるのが「のれん」の処理です。日本基準では期間内での償却負担が損益を圧迫しますが、米国基準やＩＦＲＳでは非償却となっているため、純資産を上回る対価での多額の買収を実施した企業は彼我《ひが》の基準の差により多額の損益上の差異を来たすこととなります。

これに関連して、アナリストとしては少なくとも二つの点に気を配る必要があります。第一には、同業他社の国際比較を行なう場合に、損益などに大きな会計上の差異を生じる項目に関しては調整を行なうべきであるということです。第二として、米国基準やＩＦＲＳに馴染んでいる外国人投資家に対する説明に関しては、日本基準の特性を説明したうえでアナリストが調整を行なった数値も参考計数として出したほうが誤解を生じないということです。

金融業界においては、特に保険業界で日米の会計処理の差に伴う影響が定常的に生じます。保険の新規契約獲得に関わる費用について、日本では契約獲得年度における一括コスト計上が求められていますが、米国基準では費用の繰り延べが認められ、費用計上未済の部分はDAC（繰延新契約費用）として貸借対照表に計上されます。このため、新規契約が急激に増加した年度などは日米の基準差が拡大しやすくなります。第一生命は、この点に問題意識をもち、あくまでも試算（プロフォーマ）ベースの任意開示として、米国基準を適用する場合の計数を出しました。

しかし、こうした会計基準の差に対する知見を、アナリストの付加価値に転換することも忘れてはなりません。日本の三大メガバンク各社は米国上場を果たしているため、日本基準のほか、米国基準（三菱UFJフィナンシャル・グループ）またはIFRS（三井住友フィナンシャルグループ、みずほフィナンシャルグループ）の財務諸表開示を行なっています。日本基準との差が大きい場合には、その差をリコンサイルする（差異を調整して説明づける）努力をしました。このような財務計数の会計基準によるバイアスは、株価の割安や割高といったバリュエーション上の歪みを起こし得るので、アナリストとしては腕の見せどころです。

ちなみに、銀行の内外基準格差の要因としては、不良債権の引当償却基準、かつて日本基準で許容されていた株式クロス取引（持合い株式の売却と買い戻しを同時に実施し含み益を実現させる取引）などが挙げられます。

② 業界特性

アナリスト経験者にとっては常識ですが、財務比率などは業界によって大きな差があります。ですから、財務比率の絶対的な良し悪しというのは存在しません。ですから、企業分析を行なう場合は、業界特性を十分に踏まえる必要があります。したがって、同業他社との比較が基本となります。

ストラテジストが全産業を対象にスクリーニング（財務諸比率や株価バリュエーションなどの横比較）を行なうことがありますが、項目によっては（担当の）セクターアナリストから適切なアドバイスがあっても良いと思います。

③ 情報ソース

アナリストが最も参照する財務分析の糧は、「決算短信」と「有価証券報告書」です。前者は決算発表時の開示となるため、早期の企業分析に役立てることができる一方、後者は1か月程度のタイムラグはあるものの、開示内容が充実しています。現在では、各企業がホームページなどでタイムリーに決算短信や有価証券報告書のPDFファイルをアップしてくれるほか、有価証券報告書については、金融庁ホームページから入れる「EDINET（金融商品取引法に基づく有価証券報告書等の開示書類に関する電子開示システム）」から無料で閲覧することができます。ごく最近まで、印刷物を購入することが多かったものですが、第1部でも述べたペーパーレス化の推進の一環として、これらを積極的に活用すべきです。

同様に、決算発表時に開示される決算説明資料や補足資料、会社説明会資料、アニュアルレポート（年次事業報告書）なども有用です。決算短信や有価証券報告書は、会社計算規則（会社法準拠）や財務諸表規則（金融商品取引法準拠）など、全産業共通の間尺で用意されているため、業界特性を反映した業績実態がつかみにくい場合も多いのですが、任意開示された説明資料などはアナリストにとって非常に重宝するものです。

さて、これら情報ソースを見るときの注意点は何でしょうか？

それは、それぞれの資料の注記に隠されている情報です。会計基準の変更はもちろんですが、企業が任意開示で用いている管理ベースでのデータ算定方法の改訂などがポイントです。これら注記は脇役ですが、データ解析を行なううえで大変重要です。なぜならば、それらを把握しない場合、企業財務の長期的な時系列分析における一貫性が損なわれるからです。

■分析に必要な三つの視点

①　安全性

企業の財務分析は主に、「安全性」「収益性」「成長性」の三つのカテゴリーに分かれます。安全性が高いうえに、収益性や成長性も高い企業は稀です。株式市場で重視されているROEなども、安全性が高いほど比率の分母が大きくなるため両立が難しくなります。このため、それぞれの要素を精査したうえで、バランスの取れた分析を行なう必要があります。

まずは、安全性の主要指標について、図表21にまとめておきます。安全性の代表指標は、「自己資本比率」です。この逆数が「財務レバレッジ」となります。自己資本は将来における損失への抵抗力となります。同時に、返済・償還義務がないため、資金調達に関わる安定性を高めます。

なお、債務の多い企業に関しては、借入や社債などの有利子負債に関して、満期や銀行間のバランスなども考慮すべきでしょう。加えて、担保に差し入れた資産の状況も押さえてお

図表21 安全性の主要指標

指標名	計算式	内容
自己資本比率	自己資本÷総資産 ※自己資本＝純資産－(新株予約権＋少数株主持分)	高いほどインソルベント（支払い不能）による破たんリスクが低い
財務レバレッジ	総資産÷自己資本	高いほど安定性が低い
純資産比率	純資産÷総資産	自己資本比率との差があるほど連結子会社に対する第三者出資などが大きい
DEレシオ	負債÷純資産	高いほど負債依存度が高く、財務の安定性が低い
インタレストカバレッジレシオ	(営業利益＋金融収支)÷支払利息	本業による負債利息支払い余裕度。営業キャッシュフローを用いるケースも
流動比率	流動資産÷流動負債	流動負債を返済するための準備余裕度。高いほど安定している
固定長期適合率	固定資産÷(固定負債＋純資産)	固定資産が純資産と長期の負債でどの程度まかなわれているかを示す。高いほど不安定
固定比率	固定資産÷純資産	固定資産が純資産でどの程度まかなわれているのかを示す

《参考：銀行の場合》

自己資本比率	自己資本÷リスクアセット ※自己資本は金融庁告示で適格なもの	高いほど安全。今後、銀行勘定金利リスクなどの見直しの可能性も
レバレッジ比率	自己資本÷(総資産＋オフバランス項目)	バーゼルで2018年から適用。一般事業会社の自己資本比率に近い概念
流動性カバレッジレシオ（LCR）	適格流動資産÷30日間キャッシュ流出額	金融危機などストレス時に、預金流出などに耐え得る現金化可能資産の比率
安定調達比率(NSFR)	安定調達額(資本＋預金・市場性調達の一部)÷換金化しにくい資産	長期的に安定的な資金繰りを行なっているかの指標
不良債権比率	開示債権÷総与信	資産の健全性、低いほど良い
預貸率	貸出÷預金	資金繰りの安定性、低いと安定
株式対自己資本率	株式÷自己資本	株の保有割合、低いほど安定

きましょう。これは緊急的に資金調達の必要性が発生した場合のために、担保の余裕度をチェックしておく意味合いがあります。製造業に関しては、工場財団（工場に属する土地・建物・機械・器具、その他の設備および権利を一体として抵当権の目的とするために設定される財団）の組成の有無も重要です。製造業は、工場そのものの資産価値は大きくない場合がありますが、生産力そのものの資産価値は担保としての威力を発揮するからです。

さらに、社債などにおける財務制限条項（担保差し入れ制限や利益維持などのコベナンツ）についても確認すべきです。業績が悪化したときに強制的に償還義務が発生するリスクもあるためです。

②　収益性

株式市場の関心は、もっぱら安全性よりも収益性や成長性です。株主が投下した資本が、効率的かつ効果的に使われたか否かをチェックするのが主な着眼点となります。ROE（株主資本利益率＝自己資本利益率）がコーポレートガバナンス・コードやスチュワードシップ・コードの主役となっているのも、株主から受け入れた資金と株主に帰属する留保利益の総体である株主資本が有効活用されているかが端的に表れる指標だからです。

株主にとってROEが上回るべき水準は、（投資家目線からは）期待収益率ないしは（経営者目線からは）株主資本コストとなります。なぜなら、その水準は所与の投資リスクを踏まえたうえで当然にして享受できる期待レベルであるからです。別の言い方をすれば、期待収益率や資本コストは株主にとっての機会コストであり、機会コストを下回るリターンしか上

図表22　収益性の主要指標

指標名	計算式	内容
売上高総利益率	（売上高－売上原価）÷売上高	商品の利益率、グロスマージン。企業の競争力
売上高販売管理費比率	販売費及び一般管理費÷売上	コスト面からの効率性
売上高経常利益率	経常利益÷売上高	経常利益率が営業利益率に比べ差があると財務体質を注意する必要あり
売上高当期利益率	当期利益÷売上高	最終的な収益性だが、営業外ならびに特別損益、税率の影響を受ける
営業CFマージン	営業CF÷売上高	売上高営業利益率のキャッシュフロー版
EBITDAマージン	EBITDA÷売上高	減価償却等を除いた真水の収益率
総資産利益率（ROA）	当期利益÷総資産	資産効率を示す重要指標
株主資本利益率（ROE）	当期利益÷株主資本（自己資本）	言わずと知れた株式市場の最大注目指標。株主が投下した資本の効率性

《参考：銀行の場合》

経費率	経費÷業務粗利益	効率性、低いほど良い
自己資本利益率（ROE）	当期利益÷自己資本	資本対比の収益性、高いほど良い
総資産利益率（ROA）	当期利益÷総資産	資産対比の収益性、高いほど良い
業務純益ROE	業務純益÷自己資本	本業収益の収益性、高いほど良い
手数料比率	役務取引等利益÷業務粗利益	手数料の割合、低すぎると良くない
コア利益率	（資金利益＋役務利益）÷業務粗利益	安定収益の比率、高いほど良い
預貸利ざや	貸出利回り－預金利回り	利ざやの大きさ

げられない経営者は、株主の投資機会を台無しにしたとみなされるからです。

ＲＯＥは重要な収益性や資本効率性の指標ですが、ＲＯＥを形成する要素としては、図表22にあるような様々な経理段階における収益性指標があります。共通する注意点としては、時系列的な比較を行なう場合の対応期間です。産業によっては季節性が強いケースもあり、基本としては前年同期との収益性指標の比較を行なうことが適当です。

しかし、季節性が大きくなく、かつ業績のモメンタム（相場の強弱や反転の目安となる水準を見るための指標）を確認すべきときは、直前期との対比が有効となります。

例えば、証券業界などは足元の業績の勢いが最も重要視されることが多く、四半期ごとの直前比較が決算発表時の見どころとなります。

こうした指標の取り扱いですが、第一には同業他社との比較、第二には時系列的な比較があります。さらに、時系列的な変化をクロスセクショナルに他社と比較する方法も有益です。

③ 成長性

利益成長率は、株価バリュエーションにおいても極めて重要な要素となります。安定的な利益成長が確認できれば、資本コストの高さを吸収して魅力的なバリュエーションが実現できるためです。この点は、後ほどの「証券分析」のセクションでも述べます。

なぜバリュエーション上で利益成長が重要かと言えば、それは株主に帰属する利益が増加するためです。具体的には配当としてフィードバックされるもの、そして内部留保されて拡大再生産のプロセスに供されるものがそれぞれ株価を押し上げます。このため、単年度の利益増加だけではなく、純資産ないしは株主資本の増加に関しても成長性分析の対象となります。

図表23では、主な成長性項目を列挙していますが、業界によってはより細目の変化率の分析が必要となります。また、成長率という表現だと誤解されやすいのが「バランスシート項目」です。例えば、総資産増加率が高い場合は、必ずしも株主の利益に資する成長を示唆するものではない場合も多いのです。売上不調による棚卸資産増加や、非効率な投資の増加などもバランスシートの成長というより膨張につながっていることもあります。したがって、

図表23 成長性の主要指標

指標名	計算式	内容
売上増加率	当期売上高÷前期同期売上高－1	季節性などがあるため、前年同期との比較としているが、趨勢を見る場合は直前期
営業利益増益率	当期営業利益÷前年同期営業利益－1	季節性などがあるため、前年同期との比較としているが、趨勢を見る場合は直前期
経常利益増益率	当期経常利益÷前年同期経常利益－1	季節性などがあるため、前年同期との比較としているが、趨勢を見る場合は直前期
当期利益増加率	当期利益÷前年同期利益－1	季節性などがあるため、前年同期との比較としているが、趨勢を見る場合は直前期
EBITDA増加率	当期EBITDA÷前年同期EBITDA－1	真水の利益の増益率
EV増加率	当期末EV÷前期末EV	企業価値増加率。期末株価により乱高下する場合もあり
総資産増加率	当期末総資産÷前期末総資産－1	総資産増加に伴う資産効率低下などにも注意
純資産増加率	当期末純資産÷前期末純資産－1	純資産の代わりに株主資本を用いてブックバリューの増加を見るケースも

《参考：銀行の場合》

貸出増加率	当期末貸出残高÷前期末貸出残高－1	平均残高（平残）の場合もあり
預金増加率	当期末預金残高÷前期末預金残高－1	平均残高（平残）の場合もあり
投資信託販売増加率	当期投信販売額÷前年同期投信販売額－1	保険販売との合算の比較も重要
保険販売増加率	当期保険販売額÷前年同期保険販売額－1	投信販売との合算の比較も重要
業務粗利益増加率	当期業務粗利益÷前年同期業務粗利益－1	一般会社の営業収益に近い概念。証券会社などは直前四半期との対比も重要
業務純益増加率	当期業務純益÷前年同期業務純益－1	一般会社の営業利益に近い概念。証券会社などは直前四半期との対比も重要
当期利益増加率	当期利益÷前年同期利益－1	証券会社などは直前四半期との対比も重要

資産効率性などとセットで分析する必要があります。

④　視点は局面により変化する

投資家の財務指標への関心は局面ごとに変化します。ですから、株主は収益性や成長性重視だからと、安全性の分析を疎かにすることはできません。特に、景気後退やさらに経済危機的な状況となると、急速に安全性、保守性への関心が高まります。

このため、基本は利益を生み出す構造に分析を集中させることは非常に大切ですが、次に解説するデュポン・システムをフル活用して総合的な分析を継続的に行なうことが肝要だと思います。

■時代を超えて重用されるデュポン・システム

20世紀初頭にアメリカのデュポン社が財務分析の方法として開発したのが、「デュポン・システム」で、「デュポン分解」や「デュポン分析」などとも言われています。それほど古い生い立ちをもつ財務分析の手法が、21世紀の現在に至っても重用されていることは素晴らしいことです。これは、デュポン・システムそのものが「考え方」を提供するものであり、明快でかつ展開力を備えていることが背景にあると思います。

デュポン・システムの基本はＲＯＥです。最も基本的な分解方法は、ＲＯＥを財務レバレッジとＲＯＡの積とする分解です。次ページ（上）の図表24には、基本形と応用形をそれぞれ例として示しました。

図表24 デュポン・システムの基本形と応用

◇簡単な分解：$ROE=\dfrac{\text{総資産}}{\text{株主資本}}\times\dfrac{\text{当期利益}}{\text{総資産}}=\text{財務レバレッジ}\times ROA$

◇多数の分解：$ROE=\dfrac{\text{総資産}}{\text{株主資本}}\times\dfrac{\text{売上高}}{\text{総資産}}\times\dfrac{\text{売上原価}}{\text{売上高}}\times\dfrac{\text{棚卸資産}}{\text{売上原価}}$

$\times\dfrac{\text{粗利益}}{\text{棚卸資産}}\times\dfrac{\text{経費}}{\text{粗利益}}\times\dfrac{\text{経常利益}}{\text{経費}}\times\dfrac{\text{税引前利益}}{\text{経常利益}}\times\dfrac{\text{当期利益}}{\text{税引前利益}}$

＝財務レバレッジ×総資産回転率×原価率×在庫回転期間
×交差率×経費率×経常利益・経費倍率×非特別損益比率×
(1－実効税率)

図表25 デュポン・システムの応用方法

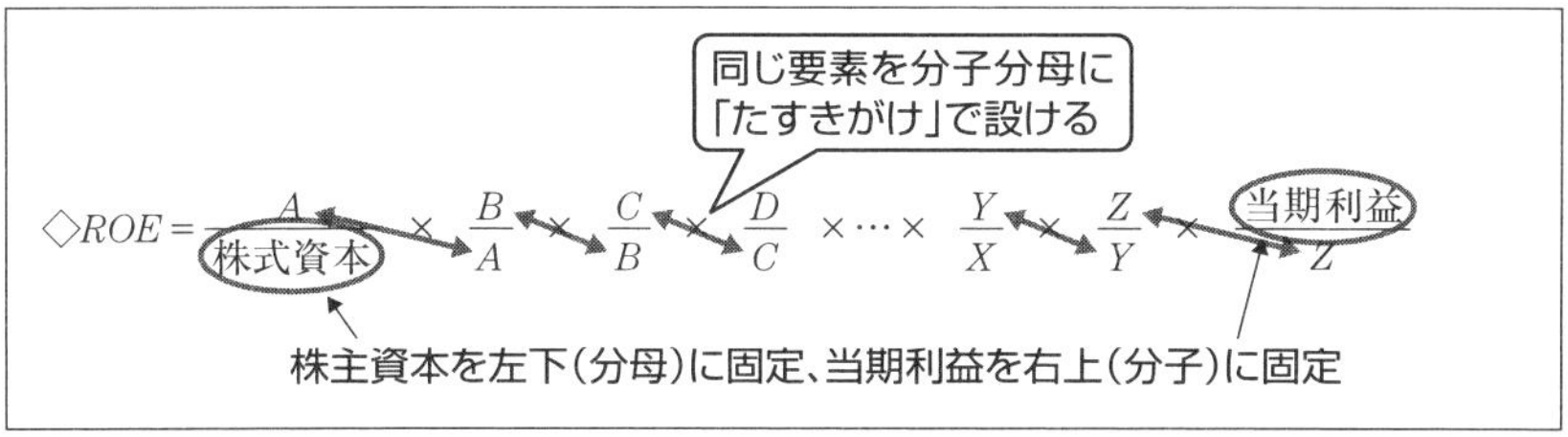

デュポン・システムのメリットは、分析者オリジナルの財務分析が可能なことです。同図表下の「多数の分解」に示したように、分子分母を合わせることで、無尽蔵に分解因子を増やすことができます。したがって、自分のカラーを反映した独自の分析が可能となります。

ごく簡単なルールを守れば、容易に分解式を展開していくことができます。図表25にルールを示しておきました。第一に、ROEの要素である株主資本を展開式の左下に、もう一つの要素である当期利益を右上にセットします。第二に、分析が有用と思われる財務係数を「たすきがけ」にして、途中の分数の分

図表26　収益のボラティリティ分析の方法

◇当期利益（NP）の変動係数：$C_{NP}=\dfrac{\sigma_{NP}}{\mu_{NP}}$

◇経常利益（RP）の変動係数：$C_{RP}=\dfrac{\sigma_{RP}}{\mu_{RP}}$

➡ 両者のギャップが大きければ特別損益のボラティリティを確認

※C＝変動係数、σ＝標準偏差、μ＝平均

子分母にそれぞれ置いていくだけで完成です。

私は、このデュポン・システムを業績モデルとして活用したほか、世界の銀行の財務比較でも活用したことがあります。詳しくは第7章で紹介します。

■立体的に見る収益のボラティリティ分析

刹那的に高収益を上げても、それが散発的であったり、赤字と黒字を繰り返したりするようでは、企業の評価は厳しくなります。しかし、平面的な財務分析を行なう限りは、好業績のときに割安銘柄に見えることもあれば、業績悪化でレーダースクリーンから消えてしまうこともあります。

そこで、分析に幅をもたせることができるのが、収益の「ボラティリティ分析」です。分析対象は、売上高から当期利益までの各利益項目で、図表26に示したように、それぞれの標準偏差と平均を取ったうえで変動係数を計算します。この変動係数が大きいほど、ボラティリティ（相場の変動性）が大きいことを示します。収益項目間でボラティリティの差が大きい場合は、特別損益のボラティリティを確認するなどして、その原因をチェックすべきでしょう。

収益のボラティリティ、収益性、成長性などを合わせて分析すれ

ば、より立体的な分析ができるようになります。収益性とボラティリティを重ねた分析に関しては、改めて第7章で紹介します。

■企業価値分析の材料

フリーキャッシュフローを用いたバリュエーションについては、後段で述べますので、ここでは企業価値分析のうち事業価値の算出で用いるフリーキャッシュフローの算定についてのみ解説します。基本的な話なので、ごく簡単に述べます。

フリーキャッシュフローとは、営業活動で稼いだ資金から活動に要する資金を引いた余剰資金で、企業が自由に使えるお金であることはご承知のとおりです。フリーキャッシュフローの一般的かつラフな定義は、営業利益に減価償却費用を足し戻し、設備投資と正味運転資本増加額と法人税等を控除したものです。キャッシュフロー計算書をもとに計算するのであれば簡単で、営業キャッシュフローと投資キャッシュフローの和となりますが、有価証券投資が財務活動でなく投資に含まれるため、微調整が必要な場合があることに留意します。

ただし、企業の真水の（純粋な）フリーキャッシュフローを計算する場合には、キャッシュフロー表に頼らず「間接法」による算出方法を理解しておくことが大切です。経常利益を出発点とした場合、営業外収支に含まれる受取利息と支払利息をそれぞれ控除します。これに、減価償却費用を足し戻します。最後に、運転資金の増加（売掛債権・買入債務・棚卸資産の増減など）、設備投資額、法人税等の3項目を控除してでき上がりです。

経常利益の中で、一過性の色彩の濃い項目があれば、それも調整を行ないます。このため、アナリスト（調整の仕方）によってはフリーキャッシュフローのでき上がりの計数に差が生じることもあります。

証券分析の勘どころ

■投資評価の基本

主な投資評価（バリュエーション）の指標を列挙した後に、より本質的な説明をしたいと思います。算出式については次ページの図表27を参照してください。

①　PER（株価収益率）――転換権に要注意

最も代表的な指標の一つである「PER（株価収益率）」から始めます。株価（P）をEPS（1株あたり利益）で除したものですが、株式時価総額を連結当期利益で割っても算定できます。高ければ、所与の利益水準に比べて高い評価を受けているか、あるいは適正な価格よりも割高の可能性があります。

いくつか注意点を述べておきます。まずは算定上の注意点として、EPSについて3点述べておきます。

第一に、EPS算定に用いる当期利益は通常、予想利益となります。市場コンセンサス予想を用いるのか、アナリスト予想を用いるのか、さらには情報プロバイダーの予想を用いる

図表27 バリュエーション指標一覧

① 株価収益率：$PER=\frac{P}{EPS}$

② 株価純資産倍率：$PBR=\frac{P}{BPS}$

③ 株価収益率対成長比率：$PEG=\frac{P}{EPS}/g$

④ EV/EBITDA倍率：$EV/EBITDA=(MV+ND)/EBITDA$

⑤ 株価キャッシュフロー倍率：$PCFR=\frac{P}{CFPS}$

⑥ 株価売上倍率：$PSR=\frac{P}{Sales}$

⑦ ネットキャッシュ時価総額比率：$PNCR=\frac{MV}{NC}$

⑧ 配当利回り：$DY=\frac{DPS}{P}$

P＝株価	$EBITDA$＝税引前償却前利払前利益
EPS＝1株あたり利益	$CFPS$＝1株あたりキャッシュフロー
BPS＝1株あたり純資産	$Sales$＝売上高
g＝EPS成長率（5%の場合は5）	NC＝キャッシュ－有利子負債
MV＝株式時価総額	DPS＝1株あたり配当
ND＝純有利子負債（有利子負債－キャッシュ）	*キャッシュ＝現預金+有価証券

のかといった差はありますが、アナリスト予想と市場コンセンサス予想をともに用いるのが適当だと思います。

第二に、ＥＰＳ算出時には株式数と利益の双方に気を配る必要があります。利益については、優先株式など普通株式以外のクラスの配当を控除します。一方で、株式数については、(1)自己株式を発行済み株式数から控除し、(2)新株予約権などの転換による新株増加（希薄化、ダイリューション）を勘案します。なお、転換型優先株式が存在する場合で転換の蓋然性が高いときは、優先配当の控除を行なわずに、当該優先株式が転換となった場合の普通株式増分を勘案してEPSを計算する手段もあります。なお、転換価額（あるいは転換比率）は期間に応じて見直される条項が付与されている場合が多いので、現在の転換価額に基づく希薄化の影響と「下限転換価額」、つまり見直される転換価額の最低値で計算される希薄化の影響をそれぞれ調べておくことが大切です。

第三に、当期利益の構成についてです。当期利益には、特殊要因が含まれることがあります。一過性の損失や利益計上は、会社の実力としての利益水準を歪めます。また、繰延税金資産のうち資産計上されなかったものが資産計上可能となった年度の実効税率が正常値より低くなるほか、その年度に損失計上された項目の中で繰延税金資産としての資産計上が困難なときは逆に実効税率が高くなります。このため、適切な調整が必要な場合があるので、表面上の利益を単純適用するのではなく、利益の中身を確認することが大切です。

② PBR（株価純資産倍率）――低い株が割安とは限らない

PERと同様にポピュラーな指標が「PBR（株価純資産倍率）」です。この指標は株価（P）を1株あたりの純資産（BPS）で割ったものです。バリュー投資の基本のような表現としても使われますが、「PBRが低いこと＝割安」とは限りません。

PBRが1倍未満であるということは、直ちに会社を解散して資産を換金したときの価値を株式の時価総額は割り込んでいるということです。PBRが1倍を切っている会社の経営者が「うちの会社の株価は解散価値を割り込んでいるから、株式市場は間違っている」としばしば言うのを耳にします。しかし、1倍を下回るのは相応の理由があるはずです。

第一に、資産の時価評価に伴う理由です。株式市場が、会社の資産の中に不良資産がある、あるいは時価評価の対象となっていない資産で、帳簿価格の評価が実態を反映していないと考える場合があります。

第二に、解散の蓋然性の問題です。仮に、その会社の資産が全額キャッシュであったとしても、その会社が買収可能な会社でなければ、資産の清算による株主分配の蓋然性は低くなります。このため、会社が解散しないことを前提に株価は形成されます。そこで、PBRが1倍を切るという状況は、次の第三の理由により生じます。

その第三の理由は、資本効率の悪さです。利益率が、その会社の事業や財務内容から妥当と見られる期待収益率を下回るような場合、PBRは当然にして1を切ります。利益は、純資産価値増加額と配当の合算ですので、資本に対する利益率は株主に帰属する価値の増分を指します。その増分が期待を下回るということは、ほかの投資機会を探したほうが良いということを意味します。なぜなら、期待収益率は投資家にとっての「機会コスト」だからです。機会コストは、その投資を選択することで失われるほかの投資機会の利益率を暗示します。ですから、機会コストを下回る資本効率であれば、ほかの投資を選択するか、あるいは機会コストに見合うような金額まで投資コスト（つまり株価）を下げる必要があります。

なお、PERを算定する際のEPSと同様に、BPS（1株あたり純資産）についても算定上の注意事項があります。

第一に、「純資産」という名称がついているものの、純資産に含まれる新株予約権や少数株主持分はその会社の「現在」の株主には帰属していません。前者は新株が発行された場合の新たな株主の持分を表すものであり、後者はグループ会社の持分のうち親会社以外の株主が所有する部分を指しているためです。このため、連結財務諸表上の純資産から当該２項目を控除する必要があります。なお、自己株式はすでに帳簿上控除されているので、以下に示す株式数の調整以外は特に留意する必要はありません。

第二に、優先株式についての調整です。普通株式への転換権が付いていない普通社債型優先株式の場合は、その発行価額（＝残余財産優先分配額）を自己資本から控除します。厄介なのが、転換型優先株式です。調整の考え方は、基本的にＥＰＳで述べた内容と同様です。転換価額が現状株価を大幅に上回るなど、転換が見込めない場合においては、普通社債型優先株式の対応と同様でも構いません。しかし、転換の蓋然性が低くない場合は、優先株式を自己資本から控除せずに、希薄化の影響を株式数に反映すべきです。具体的な希薄化の影響の算定については、先ほど述べたＥＰＳの注意事項を参照してください。また、自己株式数を控除する点についてもＥＰＳと同様です。

③ ＰＥＧ（株価収益率対成長率比率）――欧米で人気の指標

意外と日本の投資家に馴染みがない割に、アメリカでは重用されているのが「ＰＥＧ（株価収益率対成長率比率）」です。この指標はＰＥＲをＥＰＳ成長率で割ったものです。ただし、算定上の基本的な留意点としては、成長率の「％」を除いた値を用いることです。ですから、ＰＥＲが15倍でＥＰＳ成長率が10％であれば、「15÷10」で１・５が正解です。

新興市場などでよく見られますが、利益成長が著しい会社の株式のPERは、通常の成熟株に比べて高いのが特徴です。しかし、成長率が微妙に異なる銘柄間の比較を行なう場合に、どちらが相対的に割安かは判別が難しいところです。そこで、PEGを使います。成長率に比べてPERがさほど高くなければ、PEGは低水準となり、（成長率についての信憑性に自信がもてれば）割安と判断することができます。

私が担当していた金融株では、安定的な利益成長率を想定することがなかなかできませんでした。このため、PEGを用いることはあまりありませんでしたが、PEGが好きな海外投資家もいると考え、業績モデルやバリュエーション・モデルには必ずPEGも設けました。

④ EV／EBITDA倍率——非金融業界でポピュラーな指標

製造業などの非金融業界で一般的に多用される指標が、「EV／EBITDA倍率」です。EVは、株式時価総額（MV）に純有利子負債（ND：有利子負債からキャッシュあるいは同等の資産を控除したもの）を加えたものであり、現在の市場が評価したバランスシートの価値の近似値となります。分母のEBITDAは、営業利益に減価償却費を足し戻したもので、営業キャッシュフローの近似的概念です。ここで用いるEBITDAは、EPS同様に予想値が用いられます。ですから、利益やその予想を用いる場合の注意点は、EPSの項目を参照してください。

EV／EBITDA倍率は、企業が毎年生み出す価値と、その企業全体を手に入れる場合の対価との比較を意味しています。この倍率が高ければ、割高と見ることもできますし、あるいは営業キャッシュフローの成長を市場が織り込んでいると見ることもできます。

同業他社との比較において、この倍率の格差がアナリストの考える前提のもとで正当化される格差と異なる場合に、アナリストは相対的な投資機会を主張することができます。

なお、銀行をはじめとする多くの金融機関は、資産や負債の大半が事業会社の営業資産・債務のような役割を果たしているため、この指標を用いることはありませんでした。

⑤　PCFR（株価キャッシュフロー倍率）——変動幅に要注意

EPSは会計上の利益に着眼したものですが、実際のお金の流れに注目した指標が「PCFR（株価キャッシュフロー倍率）」です。株価を1株あたりのキャッシュフロー（CFPS）で割ったものですが、ここで用いるキャッシュフローは通常、フリーキャッシュフローです。フリーキャッシュフローについては、前節の「財務分析」でも詳しく述べましたが、単純に言えば営業キャッシュフローと投資キャッシュフローの和です。では、なぜ財務キャッシュフローを外すかと言えば、例えば多額の社債発行や借入を実施した場合にキャッシュフローが膨らみますが、それが業績改善を示しているとは言えないためです。

会計上の利益でなく、キャッシュフローに着目するメリットは何でしょうか？　利益はその期間において現金として入手できたものではなく、発生主義に基づいて認識されたものです。仮に営業促進するために、納入先の支払サイト（期間）を延ばした場合、売上が増加して会計上の利益は伸びますが、営業キャッシュフローは影響を受けません。このように、支払サイト長期化による手元現金の減少や支払い不能リスクなどの不安定要因を反映できないのが会計上の利益で、反映したとみなせるものがキャッシュフローです。また、減価償却の償却方針が異なる2社（例として定率法と定額法）を比較する場合、設備投資直後の会計年度における利益が相対的に見劣りするのが定率法採用会社で、その後に償却が進むと定額法採用会社が見劣りしてきます。キャッシュフローに基づけば、償却方針の影響を受けません。

⑥ PSR（株価売上倍率）——あくまでも参考的尺度

多少マイナーではありますが、利益の代わりに売上高を用いた指標が「PSR（株価売上倍率）」です。株価を1株あたり売上高で割った単純な指標です。

この指標を異なる業界におけるスクリーニングで用いることは、大変危険です。例えば、薄利多売の家電量販店と原価率の低い通信業界とを比較するのは意味がありません。あくまでも、同業種の中での補足的な比較指標として用いるべきです。

使い方としては、営業モメンタムと株価評価との対比を行なう場合に参考になります。

⑦ PNCR（ネットキャッシュ時価総額比率）——買収などで参考になる指標

株主にとって素晴らしい経営をしている会社は高く評価されるべきですし、そういった会社はアナリストや投資家の注目の的ですので、多くの場合、株価的にはその高い評価をすでに織り込んでしまっています。一方で、株式市場から評判の悪い会社もあります。そのようなマイナスの評価が市場のコンセンサスであるとすれば、その悪評の理由の一部でも改善の可能性があるのなら、そこに投資の機会が生まれます。

キャッシュリッチな（余裕資金が多い）会社は、市場の悪評の的となるケースが多くあります。キャッシュが潤沢で使いきれない金額を抱えている会社というのは、資金繰りも楽ですし、健全性が高いという一般的な評価はできるかもしれません。しかし、株主の立場からすれば、キャッシュは遊ばせておくべきではなく、収益性の高い分野に投資するか、あるいはそうした機会がなければ自社株買いなどに有効活用すべきということです。つまり、経営者の不作為により、資金効率または資本効率が低下しているという点が悪評の原因なのです。

このキャッシュリッチな状況と時価総額とを対比させたものが、「PNCR（ネットキャッシュ時価総額比率）」です。ネットキャッシュ（NC）は、現預金やそれに類するもの（短期保有有価証券など）から有利子負債を引いたもので、既述のEVの算定時において株式時価総額に加減する純有利子負債（ND）の符合を反対にしたものです。

ネットキャッシュ（NC）を株式時価総額（MV）で割ったものがこの比率（PNCR）で、高いほど市場価値に比べてキャッシュがダブついていることを示します。もし、このキャッシュの潤沢さが市場に看過されているか、あるいは会社がキャッシュの有効活用を検討する機会があるのなら、投資機会が得られることとなります。また、この比率が高い会社は、敵対的買収などのターゲットにされやすいということもあります。

⑧　配当利回り――個人やハイ・イールドファンドの基本

個人投資家やハイ・イールドファンド（高配当ファンド）などの投資信託を設定する運用会社などが注目するのが、1株あたり配当（DPS）を株価（P）で割った「配当利回り（DY）」

です。昔は配当の総額を株価額面で割った配当率という言葉がよく登場しましたが、こちらは有用性がまったくなく、いまでは死語となっています。

株式の投資リターンは、キャピタルゲイン（売却益）とインカムゲイン（配当）から構成され、後者は配当利回りを示しますが、配当利回りに注目するということの意味を考えてみてください。状況的には株価が不安定な状況の中で、株価が比較的安定していて、配当水準も高い銘柄が注目される傾向があります。配当水準に関しても、株主還元への意識が高く、安定配当を意識しながら緩やかに増配傾向を続ける企業などが配当利回りの視点から注目を受けます。

以前、電力株は「配当利回り株」と呼ばれていました。しかし、東京電力の福島第一原子力発電所における重大事故以来、この名称は過去のものとなりました。

■資本コストと期待収益率

① 資本コストとは

ファイナンスのテキストを読むと、「資本コスト」という言葉が頻繁に出てきます。しかし、状況によっては、その言葉に込められた意味合いが少し異なることに注意しましょう。教科書的には、資本コストは企業などが生産活動などのために資金調達することに伴う調達コストを指します。ファイナンス的には、加重平均資本コスト（WACC、通常「ワック」と略称）を指し、税引後の負債調達コストと株式資本コストの加重平均ということになります。

負債（他人資本）であれば理解は簡単で、借入や社債発行に伴うクーポン、償還差額、諸

図表28　WACCの算定方法

○負債をD、自己資本をE、負債コストをd、自己資本コストをeとした場合の加重平均資本コスト（WACC）は、以下のとおり。

$$◇WACC(Weighted\ Average\ Cost\ of\ Capital)=\frac{(1-t)dD+eE}{D+E}$$

※tは実効税率

経費などの調達コストを「実務的」に計算すれば良いわけです。しかし、資本（自己資本）の資本コストは「概念的」な色彩が濃いものです。よくある間違いは、配当などの株主還元のみを自己資本（株主資本）に係るコストと認識することです。正しく理解するためには、資金の出し手である投資家の視点に立つ必要があります。

負債に関しては、資金の出し手は「この程度の信用力の企業であれば、この程度の利率を確保できれば妥当だろう」と考える水準を要求し、これが借入金利や社債コストになります。資本に関しては、資金の出し手である株主は「この程度のリスクと事業見通しであれば、この程度のリターンは享受したい」と考えるところで株価が形成されます。株式のリターンは前述のようにキャピタルゲイン（売却益）とインカムゲイン（配当）から構成されますから、所与の配当水準で1年後の株価見通しがあれば、株式のリターンを実現できる株価へと押し下げ圧力ないしは押し上げ圧力が働きます。この株主が求めるリターンを「要求収益率」あるいは「期待収益率」と呼びます。そして、この期待リターンこそが株主資本（=自己資本）の資本コストとなります。

本書においては、株式市場の立場から期待すべきリターンを考えるため、以下では「資本コストは株式資本コスト」を指すこととします。また、期待収益率と資本コストは同義であることも踏まえていただきたいと思います。

② 資本コストの算出

株主資本に係る資本コストについて考察します。資本コスト、つまり期待収益率については古典的な「CAPM（資本資産評価モデルまたは資本資産価格モデルと和訳。通称はキャップ・エム）」を用いて、「リスクフリーレート（無リスク資産から得ることのできる利回り）」と「リスクプレミアム（リスクのある資産の期待収益率から無リスク資産の収益率を引いた差）」の和として表現されます。リスクプレミアムは、株式市場の期待超過リターン（期待収益率がリスクフリーレートを上回る幅）と当該株式のリスクの多寡（その株価の変動が市場平均の価格変動に比べて大きいか小さいか）を示す株式のベータの積となります。CAPMによる算定方法は図表29のとおりですが、もし詳しい説明が必要な場合は、既出の拙著などを参照してください。

図表29　CAPMによる資本コストの算定方法

○安全資産（無リスク資産）のリターン（＝リスクフリーレート）をR_f、
株式市場全体の期待リターンを$E(R_m)$、
当該株式iのベータをβ_iとすると、
当該株式の資本コスト（期待リターン）$E(R_i)$は以下のとおり。

◇$E(R_i)=E(R_f)+\beta_i(E(R_m)-R_f)$

※なお、株式のベータに関しては市場と当該株式の価格推移からヒストリカルベータが計算可能だが、以下の式で書き直せる。

◇$\beta_i=\dfrac{\sigma_{im}}{\sigma_m^2}=\dfrac{\rho_{im}\sigma_i}{\sigma_m}$

さて、昔の日本株のバリュエーションでよく使われた水準では、リスクフリーレートを2％程度、市場の期待超過リターン（マーケットリスクプレミアム）を4％としたうえで、市場並みのリスクであればベータを1、期待収益率を6％として計算されていましたが、いまとなっては安全資産と見られていた日本国債の利回りがマイナス金利政策で壊れてしまっており、また市場のボラティリティ（相場の変動性）も高まっていることから、マーケットリスクプレミアムについても安定的な数値を置きにくくなっています。そうなると、せっかくデータプロバイダーからヒストリカルベータ（過去のデータをもとに求められたベータ）などの数値を入手しても、何の役にも立ちません。

そこで、私がよく活用していたのが、「益利回り」です。次節でも詳しく解説しますが、PERの逆数が益利回りです。一般的には、国債利回りと益利回りの差である「イールドスプレッド」を調べることで、株式投資の相対的魅力を検証するのに用いられることもあります。この益利回りは、利益成長について前提を置きにくい場合に有用で、利益成長をゼロとしたときの市場の期待収益率を示すものになります。つまり、現在の収益状況と株価水準から逆算される資本コストです。

この点に関しては、異論をもつ方も少なからずいらっしゃるとは思いますが、個人的な経験では、バイアスがかかりがちな「マーケットリスクプレミアム」や「ベータ」を用いるよりは便利だと思います。

③ 資本コストの構成

株式に関する資本コストは、市場環境が悪化すれば高くなり、将来の見通しが明るくなれば低くなります。資本コストが高ければ株価が下がり、低ければ株価は上がるわけですから当たり前だと言えます。

では、資本コストの構成要因について考えてみましょう。この考察に関しては、個別株式のボラティリティや市場との相関性などにしか分析対象が及ばないCAPMよりは、フレンチ&ファーマの「3ファクターモデル」、もっと参考になるのがスティーブ・ロスの「マルチファクターモデル」です。

資本コストは、リスクフリーレートとリスクプレミアムの和ですが、リスクプレミアムは多彩な要因に分解できます。まず大きな分類としては、マクロ的な要因に起因したリスクプレミアムと個別銘柄に根ざしたリスクプレミアムです。もし、前者しか存在していなければ、リスクプレミアムはマーケットリスクプレミアムと同一となります。

マクロ的な要因のリスクプレミアムは、国内要因（政治的安定、金融政策や財政政策、規制緩和、景気動向、人口動態、空気など）や、国際要因（政治情勢、経済情勢、地政学リスクの動向など）、さらにはそれらの相互作用により増減します。最近はグローバリゼーションがすっかり進んだために、海外における様々な事案が国内要因に直結するような、いわばデカップリング（分離）されない情勢が続いていますので、各要因の切り分けは難しくなりつつあります。

さて、まず重要なのは個別要因によるリスクプレミアムの動向です。多くの運用者が、株式市場の平均的なパフォーマンス（マーケットパフォーマンス）を上回るリターンを目指しているため、マクロ的な要因はあまり関係なく、個別要因こそがすべてになります。

個別要因のリスクプレミアムとしては、「業界共通」の要因と「個社別」の要因が存在します。業界共通とは、規制環境や商品市況など、同じ事業に従事する会社全体に影響する事項です。個社別については、次のような要因が存在します。いずれも、事態が好転するほど、リスクプレミアムが低下します。

【主な個社別リスクプレミアム】

・経営陣の信頼性（ガバナンスの問題、経営トップのイニシアチブ、株主・投資家とのコミュニケーションなど）
・市場内の競争力（技術力、市場占有率の動向、コスト競争力の動向、市場内再編による競争環境の変化など）
・資本政策（株主還元、ファイナンス、資本構成など）
・財務の状況（安全性、収益性などの動向）
・成長の見通し（新製品、M&A、事業再編など）

銀行株価の動向が不安定な中で、私は資本コストの要因分析から明確な方向性を示すことに成功しました。その例に関しては第7章で紹介します。

■バリュエーションの有機的なつながり

①「PBRか、PERか」という問題ではない

以前、投資家の方から「銀行株はPBRで見るべきか、PERで見るべきか」という質問を受けました。私の答えは「どちらでもいいです」あるいは「両方です」でした。なぜなら、PERとPBRは資本コストを介してつながっているからです。

PBRやPERをベースとした割安銘柄のスクリーニングを、クロスセクターで行なう場合があります。株式市場が「PBRの低いほうが割安で魅力的だ」という価値観を有してい

るなら、それなりの意味はありますが、市場はそれほど短絡的ではありません。前でバリュエーションの業種特性について触れましたが、業種ごとのリスクプレミアムが異なる中で、そもそもの資本コストがセクター間あるいは銘柄間で異なるわけですから、PBRやPERの単純な比較には意味がないのです。

図表30　株価形成とバリュエーション

○１株あたり利益をEPS、1株あたり純資産をBPS、
資本コスト（＝期待収益率）をr、利益成長率をgとすると、

◇株価$P=\dfrac{EPS}{r-g}$

仮に安定的成長率を前提にできないとすると、$g=0$なので、

◇$P=\dfrac{EPS}{r}$、つまり$\dfrac{P}{EPS}=PER=\dfrac{1}{r}$

または$r=\dfrac{1}{PER}=$益利回り

さらにROEを用いて、そこに上の関係を代入すると、

◇$ROE=\dfrac{EPS}{BPS}=\dfrac{P/r}{BPS}$、つまり$\dfrac{ROE}{r}=\dfrac{P}{BPS}=PBR$

図表30を見てください。まず、資本コスト（r）がＰＥＲの逆数であることが確認できます。そして、ＲＯＥの分母にＰＥＲの算式を代入することで、ＰＢＲがＲＯＥと資本コストの対比で決まることが理解できます。

つまり、ＰＢＲとＰＥＲは、資本コストやＲＯＥをインターフェイスとして有機的につながっているのです。したがって、ＰＢＲで割安かどうかを判断する場合は、資本コストの算定が必要になってきますし、資本コストはＰＥＲの逆数として近似されます。

② 資本コストがすべて

以上のことからも、バリュエーションにおける資本コストの重要性が再認識できたと思われます。

ＰＢＲの説明のところで「期待収益率（資本コスト）は、投資家にとっての機会コストである」と述べました。まさに、機会コストは「ハードルレート」とも呼べるものであり、その水準をクリアできなければ、ほかの投資対象を探したほうが良いということです。

ですから、ＲＯＥが資本コストを上回れないのであれば、株価は解散価値より低い水準に位置しないと割が合わないのです。ＰＢＲが1倍を下回っているという状況はミスプライシングだと主張する経営者は数多く存在していますが、1倍割れがミスプライシングとは限らないことがここでも証明されました。

バリュエーションにおいて、「資本コストがすべて」と言っても過言ではないと思います。

■フェアバリューの算定

① フェアバリューとターゲットプライス

最後に、ターゲットプライス（目標価格）を決める際に必要となるフェアバリュー（公正価値）を考えていきましょう。フェアバリューの算定は、買い推奨となるか売り推奨となるか、まさにアナリストの投資判断を行なう基礎となりますので、とても重要です。基本的にターゲットプライスは、アナリストが単一ないしは複数のフェアバリューを計算して四捨五入などの調整を経てたどり着くもので、ターゲットプライスが現状株価を一定水準以上、上回っていれば「買い」を推奨することになりますし、その逆であれば「売り」、そして現状株価を中心とする一定水準内に位置すれば「中立」となります。この「一定水準」に関しては、証券会社によって異なりますし、株価のボラティリティ（変動性）に応じてその水準を変えている会社もあります。経験的には、概ね15～25%程度と言えます。

ターゲットプライスを算定する基礎となるフェアバリューは、2種類以上の算定方法によって検証されていることが、多くの証券会社で求められています。ＰＢＲのターゲットを決めてフェアバリューを計算し、それをメインの方法論としながら、ＤＣＦ法で再算定してみて大きな乖離がないことを確認するようなイメージです。

図表31　フェアバリュー（FV）の算定方法

〇各項目右肩の*はFV算定のためのターゲット、
rは資本コスト、nは株式数、NDはネット有利子負債を示す。

◇PERベース：$FV=EPS^*\times PER^*=EPS^*/(r^*-g^*)$

◇PBRベース：$FV=BPS^*\times PBR^*=BPS^*\times ROE^*/(r^*-g^*)$

◇DDM：$FV=DPS^*/(r^*-g^*)$

◇DCF法（定率）：$FV\times n\times ND=FCF^*/(r^*-g^*)$

DCF法（2段階）：$FV\times n\times ND=\sum FCF_i^*/(1-r^*)^i+PV(TV)$

$$PV(TV)=\frac{FCF_i^*}{r^*-g^*}/(1-r^*)^r$$

注：予想期間最終をTとした場合

②　多彩な方法があるが基本哲学は同じ

前項でバリュエーションの有機的つながりについて述べましたが、バリュエーションが相互連関していれば、当然にしてフェアバリューの算定方法も同様に有機的なつながりがあるはずです。

図表31には、様々なフェアバリュー（FV：公正価値）の算定方法がまとめられています。しかし、根本的にアナリストが「資本コスト」「利益予想」「利益成長予想」の三つの項目さえ同じものを使えば、フェアバリューは基本的に同一水準となるはずです。

第一に、ＰＥＲとＰＢＲとの関係は、利益と純資産価値が所与であれば、あとは資本コスト次第で結果は同じになることを示しました。したがって、利益成長率がゼロであれば、資本コストの逆数がＰＥＲのターゲットとなるはずですし、ＲＯＥを資本コストで除したものがＰＢＲのターゲットとなります。したがって、フェアバリューの解は同一となるはずです。ただし、ＰＢＲが必ずしもＲＯＥと整合的ではない業界の場合は、ＰＥＲには理論的な資本コストを用いて、ＰＢＲには業界平均のＰＢＲを用いることもあります。その場合は、ＰＢＲ算定で資本コストは無視されていますので、ＰＥＲとＰＢＲの各方法論から導かれる解は異なる場合があります。

第二に、配当割引モデル（ＤＤＭ）にしてもＤＣＦ法にしても、資本コストが現在価値算定の鍵になりますので、ＰＢＲやＰＥＲで用いる利益予想と整合的な配当やフリーキャッシュフローの想定を用いるのであれば、こちらも同一水準のフェアバリューに到達しないとおかしいことになります。補足すれば、ＤＣＦ法で用いる割引率はＷＡＣＣですが、適正な負債コストを適用し、資本コスト（株式資本コスト）をＰＥＲやＰＢＲで用いたものと同じものを使えば、同一の解となります。しかし、将来的な負債コストの増加などをＰＥＲなどにおける利益予想に盛り込んでいない場合、不整合が発生します。

なお、右記では利益成長率をゼロと仮定しましたが、一定率の成長を予想するのであれば、資本コストのところに「資本コスト－利益成長率」を代入すれば、結果は同じです。

しかしながら、ＤＣＦ法を用いる場合は、「多段階アプローチ」の場合が多いため、単一な利益成長率を前提とするＰＥＲやＰＢＲからのフェアバリューとは必ずしも同じ答えが出てきません。多段階アプローチとは、ＤＣＦ法の根拠となるフリーキャッシュフローが毎年異なるペースで増加ないしは減少する前提となっているケース、あるいは予想可能期間を定めて予想期間中のフリーキャッシュフローの動きとターミナルバリュー算定の前提となる永久成長率とが異なるケースなどを指します。

したがって、複雑なキャッシュフローをもとにするようなバリュエーションの場合はＤＣＦ法が適していると言えますし、利益成長率がゼロないし一定の場合はＰＥＲやＰＢＲをターゲットの目途とするのが適していると言えます。銀行の場合は、業績がシクリカル（景気に敏感）で一定の利益成長などが存在しない業種ですので、私はもっぱらＰＥＲやＰＢＲによるアプローチを用いていました。

③ 計算上の注意点

次に、バリュエーション上の注意事項を述べておきます。多少、前の説明と重なりますので、ごく簡単に述べます。

第一に、資本内容に係る部分です。純資産価値に関しては、（純資産価値と言っているのにおかしいですが）純資産ではなく、少数株主持分と新株予約権を控除した自己資本とすべきです。また、優先株式に関しても、株式数の希薄化で対応すべきか、あるいは転換しないか、またその蓋然性が低ければ、自己資本から控除する必要があります。最後に、自己株式は株式数から控除して計算します。前者の少数株主持分や新株予約権に関しては、グループ会社を多く抱えていると１００％保有できない会社も存在しているため、自己資本と純資産のギャップが大きくなりますので要注意です。後者の優先株式については、優先株式から普通株式への転換条件が見直される場合が多いので、現在の転換価額による希薄化、現在の株価を転換価額とする希薄化、下限価格を転換価額とする希薄化の3本立てで計算するのが保守的です。

第二に、利益に係る部分です。一過性の強い損益、例えば不良資産償却、有価証券やのれん減損、資産売却損益、訴訟費用などが挙げられます。これらは継続的に損益への影響が見込まれないため、フェアバリューの算定根拠となる利益を求める際には、調整が必要となります。また、実効税率の異常値にも注意が必要です。損失計上した項目の中で、現在も将来的にも税務上の減算項目（所得から控除される項目）とみなされない場合、実効税率が正常な水準から上ブレします。逆に、税務上の判断ないしは会計上のルールから繰延税金資産として計上が認められなかった項目が損金として認められる場合、あるいは「会計ルール上、資産計上しても良し」という判断が下った場合においては、実効税率は正常な水準から低下します。ですから、実効税率に関しても正常な税率を用いる調整が必要です。

④ ほんの一例——異常値だらけの期間損益

私が担当していた銀行セクターは、アナリストになった2001年から2003年までの長きにわたり、不良債権処理と保有株式損失処理に追われていました。赤字企業の適正価値の算定ほど難しいものはありませんが、まさに大手銀行に関してはこの困難な中でのフェアバリュー算定を余儀なくされたわけです。

それればかりではなく、不良債権処理が一息ついた後も一過性の強い損失処理や利益計上によって利益水準が大きく、バイアスがかけられる状況が近年まで続いていました。

さらに、銀行が過去に計上した赤字決算の影響で、税務上の繰越欠損に係る繰延税金資産が増加したばかりでなく、それ以上にこの期間実施した不良債権処理や株式減損などにより、「減算一時差異」と呼ばれる繰延税金資産の増加が大きな規模で発生していました。ちなみに、後者は損失処理時点では課税所得から控除されない、いわゆる「有税処理」によるもので、損失が発生しているにもかかわらず税金を払っていたものに対応する税効果です。この多額の繰延税金資産の存在により、日本公認会計士協会の指針（監査委員会報告第66号）に基づき、かなりの金額の繰延税金資産がバランスシートへの資産計上不能と判断されました。この資産計上されていない部分は、会社の収益力が回復するにつれて順次計上を認められていくため、資産計上された年度には復活部分が損益計算書の「法人税等調整額」の項目から控除されることになります。そうすると、見た目の実効税率が大幅に低下するのです。

そこで私は、まず二つの工夫を行ないました。一つ目の工夫は、一過性の損益項目を各年度精査していき、一過性項目が控除された「真水の利益」を算定することです。これはかなり手間のかかる作業でしたが、「継続こそ力なり」という意識で取り組み、正常な利益水準の算定に大いに役立ちました。

二つ目の工夫として、過去に引当を行なった過剰な不良債権に対する貸倒引当金の取り崩しの影響を評価しました。引当金の取り崩しは、銀行の借り手の状況が回復する過程で発生しますが、取り崩し（引当金戻入と言います）により利益が発生します。それが通常の不良債権処理損失（与信コストと言います）を正常な水準より少なく見せることになるのです。したがって、この影響を検証し、正常な不良債権処理の水準をいくつか設定し、正常な利益水準の算定に務めました。次ページの図表32はその一部です。

そして次に、税効果についての調整を行ないました。現在の低税率を無視して、正常な実効税率（当時は40％強）を使うという荒っぽい方法もありますが、資産計上されていない繰延税金資産の存在は銀行のバリューを過小評価させたものですので、適正な調整が必要です。

一つのやり方は、資産計上されていない繰延税金資産（会計上は繰延税金資産に係る評価性引当金と言い、有価証券報告書の注記として年に1度だけ開示されます）を純資産価値に足し戻す方法です。

もう一つの方法は、PERによる評価が好きな人から評判が良かった方法で、現在のPERの倍率の年数で評価性引当金を按分し、その分低い実効税率を算定してEPS計算に反映するものです。PERという指標の経済的な意味は、投資の回収期間です。したがって、ターゲットのPERを投資回収期間と考えれば、その期間への反映を行なうことによって公正な評価ができると言えます。

このように、企業の利益は様々な要因によってバイアスがかけられます。それを完全に無視するのではなく、合理的かつ適切に調整することが、まさにアナリストの腕の見せどころです。第7章では、これらをさらに応用した形のバリュエーションについて披露します。

図表32 各銀行の正常な利益水準の算定例（抜粋）

10億円

	連結税引前利益					連結当期利益				
	FY08/3	FY09/3	FY10/3	FY11/3	FY12/3	FY08/3	FY09/3	FY10/3	FY11/3	FY12/3
みずほ	486.1	−405.9	377.8	635.4	716.4	311.2	−588.8	239.4	413.2	484.5
MUFG	1,020.9	115.1	596.7	639.6	1,448.1	636.6	−257.0	388.7	583.1	981.3
三井住友	929.0	29.5	558.1	827.3	953.0	461.5	−373.5	271.6	475.9	518.5
りそな	322.7	234.2	176.1	237.1	273.3	302.8	123.9	132.2	160.1	253.7
SMTH	282.0	−56.1	218.0	192.8	295.0	154.2	−84.1	100.0	130.8	164.7
新生	92.6	−119.0	−123.0	57.8	15.3	60.1	−143.1	−140.1	42.7	6.4
あおぞら	−12.8	−235.4	7.5	29.4	41.0	5.9	−242.6	8.3	32.8	46.3

	特殊要因（課税所得影響あり）					特殊要因（課税所得減算されず）				
	FY08/3	FY09/3	FY10/3	FY11/3	FY12/3	FY08/3	FY09/3	FY10/3	FY11/3	FY12/3
みずほ	−224.7	−595.2	−114.9	−76.2	18.4	0.0	0.0	19.8	−17.6	−95.6
MUFG	−123.0	−759.7	−86.0	−131.4	−178.7	44.0	0.0	−67.4	−211.0	290.6
三井住友	−68.6	−192.5	−37.1	−87.3	4.2	103.1	0.0	−40.0	−21.1	−66.0
りそな	−14.1	62.2	−1.3	−1.7	21.4	0.0	0.0	−7.4	0.0	0.0
SMTH	−70.2	−275.7	11.8	−13.9	34.3	0.0	0.0	−34.4	0.0	43.4
新生	36.9	−60.3	−2.0	−17.6	−42.6	0.0	−30.9	−95.1	0.0	0.0
あおぞら	−60.3	−133.4	0.0	0.0	−7.0	0.0	0.0	0.0	0.0	0.0

	与信コスト					与信コスト0.3%				
	FY08/3	FY09/3	FY10/3	FY11/3	FY12/3	FY08/3	FY09/3	FY10/3	FY11/3	FY12/3
みずほ	92.6	539.3	157.1	−16.0	−24.8	196.8	211.6	186.5	188.3	191.4
MUFG	86.2	390.1	404.4	211.9	134.5	265.6	276.2	254.6	240.0	253.5
三井住友	147.8	550.1	254.7	94.3	58.6	186.4	195.4	188.1	184.0	188.2
りそな	38.7	164.0	82.1	36.8	4.5	78.2	79.5	78.8	77.6	77.3
SMTH	20.6	76.2	−0.9	20.9	1.1	55.8	59.4	61.9	62.0	61.9
新生	20.5	77.9	52.6	40.3	10.9	16.9	17.6	15.5	12.9	12.4
あおぞら	−7.4	128.8	23.8	3.9	4.0	12.9	10.5	9.2	8.2	8.0

	安定的連結税引前当期利益									
	FY08/3	FY09/3	FY10/3	FY11/3	FY12/3	平均	前回	前々回	前回比	前々回比
みずほ	606.5	517.1	430.3	536.6	577.5	533.6	522.6	518.0	11.0	15.6
MUFG	891.2	988.7	944.8	1,094.6	1,217.3	1,027.3	979.8	941.5	47.5	85.8
三井住友	787.1	576.6	728.4	860.0	885.2	767.5	738.0	697.4	29.4	70.1
りそな	297.4	256.4	193.0	198.1	179.0	224.8	236.2	248.9	−11.4	−24.2
SMTH	317.0	236.4	200.7	165.6	156.5	215.2	229.9	251.4	−14.7	−36.1
新生	59.3	53.1	74.6	54.0	56.4	59.5	60.2	62.3	−0.8	−2.8
あおぞら	27.2	16.3	22.1	25.1	43.9	26.9	22.7	21.9	4.2	5.0

戦略分析の勘どころ

■企業の特性を見える化するＳＷＯＴ分析

① 基礎的な企業・産業評価スキーム

企業や産業のリサーチを「定量分析」と「定性分析」に大別した場合に、定性分析の代表格となるのが「ＳＷＯＴ分析」で、アナリストが個別銘柄をカバーするうえで必須の分析手法です。ただし、定性分析とは言うものの、定量分析から導かれた当該企業の特性（資本充実度が低い、コスト効率性が高いなど）も、このＳＷＯＴ分析がカバーします。

ＳＷＯＴは、強み、弱み、機会、脅威のそれぞれの英語の頭文字を取ったもので、図表33にあるような形にまとめられます。この分析手法のメリットは、アナリストとしても、頭の整理をしながら担当企業の競争力や成長可能性などを詰めやすいほか、レポートなどの読み手からしても企業の特徴を俯瞰できる点にあります。

なお、ＳＷＯＴ分析は企業自体が経営戦略を考える場合に用いられることも少なくなく、一つの応用例としては、強み・弱みと機会・脅威の二つの軸から企業の可能性やリスク管理などを行なう「クロスＳＷＯＴ分析」などが挙げられます。

一般的に、「強み」や「弱み」は内的要因、「機会」や「脅威」は外的要因という解説がされていますが、機会の中にも内的要素に起因する事象もありますので、そう単純化もできま

図表33 SWOT分析

S=Strengths	W=Weaknesses
価格競争力、ブランド、顧客基盤、商品開発力、商品・サービスクオリティ、経営能力、統治、財務基盤、収益性、効率性、流動性、市場支配力、事業分散、人的資源　など	価格競争力、ブランド、顧客基盤、商品開発力、商品・サービスクォリティ、経営能力、統治、財務基盤、収益性、効率性、流動性、市場支配力、事業分散、人的資源　など
O=Opportunities	**T=Threats**
規制緩和、政策的サポート、新事業領域、新技術、再編　など	規制強化、事業環境の悪化、財務状況の悪化、競争力低下につながる事象の生起　など

せん。例えば、その企業が進出していない分野で、同業他社が成功を収めている事業への進出の余地があれば、当該企業の内的要因に基づく「機会」と位置づけられると思われますので、柔軟に捉える必要があります。

強みと弱みは、業界内における相対的競争条件の優位性や劣位の状況などを分析したものです。第一に、その会社が抱える資源を評価します。具体的には、人的資源、物的資源、無形資産的資源、ブランド、ノウハウ、外部へのアクセスなどが含まれます。経営者のクォリティやリーダーシップなどは人的資源、チャネルなどは物的資源、知的財産権などは無形資産的資源、国内外の有力な情報ないしは政策ソースとの関係性などは外部へのアクセスにそれぞれ入ります。第二に、商品・サービス力です。市場シェアや、商品の独創性、模倣の困難性、顧客からの評価などが評価の基準となります。第三に、財務的特性で、財務分析に基づく収益性、安全性、成長性などが材料となります。コスト競争力や、資金繰りの安定性など、事業上の競争力に直結するような財務特性もここで判断されます。

一方で、機会と脅威に関しては、その会社が属している産業全体や地域に起因したものが少なくありません。第一には、政治や規制があり、これが頻繁に挙げられる項目の一つです。規制緩和は機会をもたらしますし、規制強化は事業の縮小につながる危険性をはらみます。第二には、マクロ経済です。事業のフランチャイズを置く地域の景気やグローバル経済の動向はビジネスに直接的、間接的に影響を及ぼします。第三に、技術革新です。新たな技術の登場は、新しい事業への応用という機会が生じる一方で、既存事業が衰退化を迫られるリスクも生みます。第四に、原材料市場と商品市況の動向です。原材料価格の変動や調達可能性の容易化・軟化は生産活動に影響するほか、素材産業をはじめとする製造業では商品市況に収益性が左右されます。最後に、その会社特有の要因です。いままで着手できなかった分野への参入、低評価の経営陣の交代など、その会社が見劣りしている部分が機会をつくり出す可能性を秘めています。

② SWOT分析のための基礎的な教養

経営戦略に関する分析方法に関しては、現在でも読まれ続ける古典であるマイケル・ポーターの戦略本やコトラーのマーティング本などをベースにした解説書が山ほどあります。したがって、本書ではあまり詳細に述べることはしません。あくまでも分析のフレームワークだけを解説するに留めます。

第一には、コトラーの「四つのP」が挙げられます。プロダクト、プライス、プロモーション（マーケティングやブランディング）、プレイス（チャネルなど）という四つの英単語の頭文字であることはよく知られています。この項目を見れば一目瞭然で、強みと弱みを判別するための着眼点であることがわかると思います。これに三つのC（自社、競合、顧客の英語の頭文字）なども組み合わせて分析すると良いと思います。

第二に、ポーターの「五つのF」です。Fとは事業戦略上の競争要因（フォース）を意味していて、「新規参入の脅威」「業界内の競合」「代替品の脅威」「買い手の脅威」「売り手（原材料などの供給業者）の脅威」の五つから構成されます。これらの視点からは、現在の競合状況や販売・供給の安定性などを「強み・弱み」へ、まだ顕在化はしていないものの、その可能性があるものを「機会・脅威」へ分類していきます。

第三に、レイモンド・バーノンの「プロダクトライフサイクル（PLC）理論」です。いかなる商品も、「導入期」「成長期」「成熟期」「衰退期」という過程を進んでいきます。導入期には高水準の価格と低水準の売上、成長期には高い収益性と収益額、成熟期にはマージン低下、衰退期には市場の飽和と撤退戦略の検討が必要となるなどの特徴があります。アナリストは担当する会社の主力商品や今後投入を予定する商品のPLC上の位置づけにより、「強み・弱み」への分類を行なうことになります。

最後にコトラーの「PEST分析」です。PESTは、「政治」「経済」「社会」「技術」のそれぞれの英語の頭文字を表しています。産業分析にあたっては、こうしたマクロ的な視点からトップダウンで「機会・脅威」の分析へとつながっていきます。

③　経営計画の批判的評価

企業が事業戦略や財務戦略などを包括的に示す機会が、中期経営計画（中計）や長期経営計画（長計）です。会社にもよりますが、概ね3年計画程度のホライズン（期間）が多いと思います。ただし、3～5年という時間軸は「帯に短し襷《たすき》に長し」的な側面もあり、激動の経営環境に対応するには長すぎ、会社の長期的なビジョンを示すには短すぎる期間です。このため、3か年計画を出したうえで、毎年見直し（いわゆるローリング）を行なうところもありますし、10年計画とその中の3年計画をセットで出すところもあります。

いずれにしても中計は、アナリストとして自分が担当する会社の事業戦略、経営リソースの配分、株主還元方針、ＲＯＥなどの経営目標などを知る貴重なチャンスです。中計に対しては、次のような批判的な評価が求められます。

第一に、数値的な経営目標の達成蓋然性や妥当性の検証です。アナリストの業績予想との対比で評価するのが比較的容易です。予想を上回る高い目標であれば、「ストレッチ」あるいは「野心的」、厳しい言い方をすれば「達成困難」という評価になります。他方、予想よりも低い計画であれば、「保守的」ないしは「やる気がない」などという評価もできます。

しかし、単純な数値の比較ではなく、マクロ前提やミクロ前提など、会社の前提条件と、アナリストのモデル前提のすり合わせをしなければ、精緻な評価はできません。ですから、会社の高い計画値は「楽観的な前提条件に起因する」などという評価を行なうことが適切だと思います。

第二に、資本やキャッシュなど経営リソースの配分と、株主還元方針への評価です。近年のアナリストの着眼点は、企業業績の低成長もあってか、このポイントに集中する傾向があります。資本政策は、経営哲学の反映と言えます。ＲＯＥの計数目標のうち、分子は利益目標で明らかになりますので、分母について経営的な考え方を精査する必要があります。資本効率を高める株主還元を意識したような分母の運営であれば、市場規律がワークした「ガバナンスの効いた経営」と言えます。逆に、分母は自然体で分子にのみ注意を払った計画であれば、昔からの「利益のみを意識した経営」という見方ができます。

こうした経営計画への評価は、レポートやＩＲ部門からの情報提供により経営陣も目にするものと考えられます。忌憚ない意見の表明こそが、市場と経営との距離を縮め、経営戦略へとフィードバックされるものと考えられるため、とても大切です。

■もう軽視できない非財務情報の分析

① ＥＳＧ評価

株式市場による投資方針の中に、環境（Ｅ）、社会（Ｓ）、ガバナンス（Ｇ）を取り込んだ「ＥＳＧ投資」が脚光を浴びています。わが国においては、２０１５年にＧＰＩＦ（年金積立金管理運用独立行政法人）が国連の責任投資原則（ＰＲＩ）に署名をしたことで、多くの運用機関が意識せざるを得なくなっています。

ＰＲＩに署名を行なった運用機関は、ＥＳＧという非財務情報を投資プロセスに織り込むことが求められます。それればかりか、運用を委託する場合も相手機関に対してＰＲＩへの署名の有無や活動内容を報告させ、ＰＲＩへの署名がない場合は署名のない理由を陳述させることが必要となります。わが国屈指の巨大運用者であるＧＰＩＦが、運用委託する機関に対してこれを求めて行くことは、すなわち多くの運用機関でＰＲＩへの署名が広がる可能性を示唆しています。

そもそもＥＳＧを重視する国際的なトレンドは、利益が経営目標のすべてとなる結果、経済や社会に悪影響を及ぼしてきたことの反省によるものです。企業の持続可能性は、社会の持続可能性の中で担保されるものであり、なおかつ、社会の持続可能性を意識した経営を行なう企業は、長期的に安定的なビジネスの存続につながるという発想が背景にあります。

アナリストは、財務情報や株主還元に意識を集中しがちですが、今後は非財務情報についても知見を高めていく必要があります。具体的には、普段アナリストが看過しがちな「サステイナビリティレポート（企業が持続可能性を重視した経営を行なっていることを開示する報告書）」などにも目を通すなどの習慣をつけておくべきであると思います。温室効果ガス排出など環境に直接的な影響をもたらすもの、環境良化につながるプロジェクトへのファイナンスなどの間接的効果のあるもの、女性の登用、社外独立取締役の状況などの項目は多岐にわたりますが、投資家が注目するからにはアナリストも意識を高めるべきでしょう。

②　コーポレートガバナンスの着眼点

コーポレートガバナンス・コードの導入などにより、日本企業のガバナンスへの意識は以前に比べて格段に高まったと思います。ESGの三つ目の項目に数えられるガバナンスは、外国人投資家などの不満の的となっており、その改善は日本の株式市場の魅力を回復させる意味では重要であると考えられます。

ガバナンスそのものは非常に概念的なものなのですが、その良し悪しは「資本コスト」への反映を通じて株価にも影響します。この点については、私が過去に行なった資本コストの要因分析を第7章で紹介しますので、そちらを参照してください。

では、具体的なガバナンスの着眼点は何かと言うと次のとおりです。

一つ目は、中計などから洞察できる経営陣の姿勢です。ROEのE（分母）のマネジメントという発想や、M&Aを行なう場合の投資収益率の考え方（自らの会社の資本コストを下回る投資を行なわない原則など）が挙げられます。

二つ目は、市場とのコミュニケーションです。漠然とした話に聞こえるかもしれませんが、実例の積み重ねによりコミュニケーションのレベルが評価されるべきです。投資家からの要望を踏まえた、経営戦略上のフィードバックなどが一例です。トップマネジメントのパーソナリティにより、かなり差が出やすいポイントです。

三つ目は、社外取締役の関与状況です。形だけの指名委員会等設置会社や、社外取締役の任用の検証では意味がありません。取材などを通して、社外取締役がガバナンス上どういったポジションをもっているのかを確認することが大切です。これも「逸話的」な話を聞くだけでも意味があります。

最後に、業績に応じた株主還元と、これに係るマネジメントからのメッセージです。仕方なく増配を行なったのか、あるいは資本政策の明確なビジョンに基づく利益配分なのかをチェックすることが大切です。

このような極めて定性的色彩の強い評価についても、投資評価への大切な材料となります。

法令・ルール遵守の勘どころ

■ルール運用の厳格化

洋の東西を問わず、投資銀行・証券業界はリストラによる損益分岐点低下への動きが進む中で、コンプライアンス部門は急速に陣容が充実しています。一つには、リーマン・ショック後に急激に強化された金融規制への対応もあります。しかし、もう一つには、従来から存在していた法令や業界ルールの運用厳格化があります。

最近では、セルサイド・アナリストばかりでなく、投資家も取材のための企業訪問がやりにくくなったと聞きます。また、決算前の取材も制限が厳しくなり、決算予想を行なう「アナリスト・プレビュー」も実質的に困難になったようです。

本章の最後に、軽視できないコンプライアンス上の留意点を述べておきます。

■レギュレーションFD

アメリカの証券取引委員会（SEC）は、2000年に「公平開示規則（レギュレーション・

フェア・ディスクロージャー）」を決定しました。これは、「レギュレーションFD」と略称されます。

このルールは、会社側がアナリストや投資家に対して一般に公表していない重要な情報を漏らすことを禁じたものです。プレスリリースやホームページ上の情報入手が可能であれば、周知されているとみなされますが、そうでない情報を伝えることは、「選択的情報開示」とみなされてしまうのです。さらに、万が一、重要な情報を不注意に、あるいは意図的に漏らした場合は速やかに開示しなければならない、と規定されています。こうした重要な情報は、「法人関係情報」と呼ばれます。

日本でも、「アナリスト・レポートの取扱い等に関する規則」が2002年に日本証券業協会により公表され、2004年の改正を経てルール化されています。さらに2016年7月には、同協会から「協会員のアナリストによる発行体への取材等及び情報伝達行為に関するガイドライン（概要）」が示され、取材内容の制約が大きくなってきています。

さて、ここで問題となるのが、法人関係情報に分類されるための「重要」の解釈です。これについては、次項で解説します。

■モザイク情報と近年の動向

アナリストになると、コンプライアンス研修などで法人関係情報に関するルールをきっちり叩き込まれます。一方で、担当企業への取材と取材後のレポートに関しては、「モザイク理論」あるいは「モザイク情報」を念頭に置くことになります。

モザイク情報とは、それ単独では選択的情報開示の規制対象となる重要な情報ではないものの、ほかの重要でない情報と組み合わせられることによって、重要な情報と同等の重要性を備える可能性が高いものを指します。単独としては重要な情報ではないため、厳密に選択的情報開示とみなされないということになれば、アナリストの発想力や情報構成力により、付加価値の高い情報にレベルアップすることが可能です。

つまり、いままではモザイク情報をどこまで現実性が高く有用な情報に再構成できるかがアナリストの腕と捉えられてきました。これが、アナリストの存在意義に直結することは容易に理解できると思います。

しかし、最近ではモザイク情報の活用すら厳しい状況となってきています。いくつかの証券会社では、決算説明会で経営陣により発表された情報も、ウェブサイト上で公表されなければ選択的情報開示の対象とみなされる事態に及んでいます。そうなると、個別取材そのものがリスクの塊と化してしまいます。本当にやりにくい時代になりました。

■その他の主要ルール

① 利益相反

担当企業との利益相反も、アナリストが強く意識しなければならないルールです。これは、アナリスト個人あるいは所属する証券会社が担当企業から利益を受け取ることで、投資評価が影響を受けるなどして公正さを欠くことになりかねないことから適用されるルールです。

そうは言うものの、証券会社は投資銀行部門などが担当企業から仕事を受注することが少なくありません。このため、投資銀行部門での関係が「アナリストの中立性」を危うくすることに直結するとは考えられません。しかし、レポートなどの読み手である投資家に対する注意喚起として、証券会社と担当企業との取引についてレポートの「ディスクレーマー（注意事項：免責事項）」に掲載することが求められています。

しかし、担当企業とアナリストとの間の取引に関しては、より厳しい注意が求められます。アナリストは、担当企業はもちろん、担当外の企業であっても役員などの就任は原則として認められません。また、いかなる報酬も担当企業から受け取ってはならないのです。私も、担当企業から研修講師などを仰せつかることが多かったのですが、一切の報酬はお断りしました。

② チャイニーズウォール

ファイナンスをはじめとする相手企業の内部情報に職務上、接してしまう部門を「プライベートサイド」と言います。投資銀行部門などはプライベートサイドに該当します。これに対して、一般的に公開されている情報にしか接しないことが前提となっている部門を「パブリックサイド」と言い、アナリストなどの調査部門がこれに該当します。

この2種類の部門に横たわるのが、「チャイニーズウォール」です。部門間に情報の隔壁をつくるため、両部門を異なる場所に隔離し、情報管理体制を徹底するなどの対応が求められています。

しかし、ファイナンスに幹事として指名された場合は、どこかのタイミングでアナリストもそのプロセスに組み込まれます。このため、プライベート情報に接することになることを「ＯＴＷ（オーバー・ザ・ウォール）」と呼びます。つまり、チャイニーズウォールの向こう側に飛び込むことです。ひとたびＯＴＷとなった場合は、調査レポートなどの情報発信は一切できなくなります。

③ アナリスト意見の選択的開示への制限

日常的に意識を高めなければならないのが、アナリストから投資家への情報開示です。企業がアナリストや投資家への選択的情報開示を禁じられているのと同様に、アナリストも一部の投資家に対して「公表されていない意見」を述べることはできません。

つまり、過去にレポートに述べられた情報以外は、原則として投資家などの顧客に伝達できないということです。ただし、意見ではなく客観的情報の提供は認められていますので、手持ちの情報量を豊富にしておけば未公表の意見の代替として活用することは可能です。「書かぬなら話すな、話すなら書け」という標語ができるくらいですから、調査部門の苦労も並々ならぬものがあります。

■厳しい時代におけるアナリストの役割

取材における制約など、「早耳情報」を得意とするアナリストには受難の時代となりました。しかし、アナリストだけが入手できる情報に頼ったリサーチに付加価値を見出すのは、やはりアナリストの王道から外れていると私は思います。だからこそ、いまの時代はアナリストの本当の実力が試される状況になったと感じるのです。

アナリストと投資家があまねく接している情報から、いかに重要性を示唆するものを感じ取れるかはアナリストの腕次第です。第4章でも感受性や想像力・創造力が大切だと述べましたが、これらの能力はパブリックな情報をいかに料理するかにおいて必要なものです。「行間を読み込む力」をもっていれば、いまの時代でも十分戦えると考えます。

また現在は、より長期的なビジョンを試される時代とも言えます。静かに進む構造変化を捉え、担当企業をもうならせるレポートを書くことができれば、アナリスト冥利に尽きます。第7章でもう少し詳しく述べましょう。

第6章 アナリストとしての十分条件

必要条件と十分条件の関係

■必要条件がクリアできれば

前章で述べた「アナリストへの必要条件」は、アナリストとして兼ね備えておかなければならない知識やスキルのあらましを列挙したものです。逆に言えば、アナリストが担当企業の経営分析を実施し、業績モデルを作成し、バリュエーションを行なわなければ、まともなレポートを書くことは難しいということです。その意味で、前章で示した統計学や数学の知識を土台としながら、財務分析、証券分析、経営分析を行なえることは、アナリストとして必要不可欠なのです。

前章で紹介したような技術面は、第4章で紹介した証券アナリストの通信講座で基本的な部分を学ぶことも可能です。そのうえで、改めて前章で解説したような大切なエッセンスを咀嚼《そしゃく》しておくと良いと思います。

では、このような技術的要件がクリアできれば、アナリストとして活躍することができるのでしょうか？

もちろん、必要条件が充足されれば、アナリストになることはできると思います。しかし、アナリストとして生き残るには、さらに学ばなければならないことが多くあります。また、アナリストとして競争相手と互角以上に戦い市場価値を上げていくためには、より高いレベルでの理解力が求められます。

■十分条件の位置づけ

本章では、必要条件をマスターしていることを前提として、アナリストとして輝きを得るための条件を指し示したいと思います。

それらは、あくまでも私の経験に基づくものであるため、別のアナリストからすると受け入れにくい部分もあるかもしれません。なぜなら、ある程度成功しているアナリストは、独自性が強い傾向にあり、異なった仕事や考え方のスタイルをもっていることが多いためです。

ですから、これからアナリストとして（一流のビジネスパーソンとして）の成功を目指す読者の皆さんもご自身のスタイルをつくっていけば良いと思います。ただ、これはかなりの失敗と成功の積み重ねにより、うまく運んだ場合だけに得られるということを念頭に置いてください。

私が提案する十分条件は、少なくとも3社の異なる証券会社でいずれも成功を収めたベストないしはベタープラクティスです。参考になると思う部分だけでも、仕事に活かしてください。

本章では、まず「プロダクト」について解説します。アナリストにとってプロダクトとはレポートではないかと思われるかもしれませんが、アナリストが紡ぎ出すプロダクトは多彩です。しかも、一つのプロダクトが複数のプロダクトに派生することも少なくありません。各種のプロダクトについてのアドバイスを、ここでは披露します。このプロダクトについてのアドバイスは、市場で輝くためのヒントになると思います。

次に、「生き残り」と「勝ち残り」とフェーズを分けて十分条件を掘り下げていきます。前者では、クビになることもなく着実にアナリストライフを続けるための要件です。そして後者は、競争の中で光る存在になるための秘訣をいくつか提供します。これらの十分条件を超えて、第7章では超一流へと導きたいと思います。これを参考に、輝けるライジングスターになることを祈念します。

アナリストのプロダクト

■業績モデル作成のツボ

①　業績予想について

ファンダメンタルズ・アナリストの最も基本的なプロダクトの一つが、担当企業の財務諸表の予想を行なう「業績モデル」です。損益計算書と貸借対照表の基本項目の予想に加え、必要に応じてキャッシュフロー計算書も含まれます。なお、本章において特に断りがない限りは、すべて連結財務諸表ベースです。

バリュエーション方法を問わず、業績モデルが示唆する1株あたり利益や1株あたり純資産が目標株価を形成する場合が多いため、業績モデルはアナリストの推奨の基本を構成することは言うまでもありません。このため、業績予想を行なう場合は、説明可能な合理的な根拠を整えておくことが求められます。

第一に、「マクロ前提」です。特にクロスボーダーの取引が根幹部分をなす会社の場合、為替レートの前提が大きく業績予想を左右します。また、内需関連であればＧＤＰなどの国内経済の主要指標、不動産や金融などの金利に敏感な業種であれば、長短金利の見通し、素材産業をはじめ原材料市況ならびに産出物の市場価格に左右される場合は、商品市況がそれぞれ重要な前提となります。これらのマクロ前提について、根拠を示してモデルを策定することが必須です。また、アナリストの業績予想は「名目ベース」なので、物価上昇率についても共通のマクロ前提として明示できる準備をすべきでしょう。

第二に、「競争状況の前提」です。市場における競争条件と、当該企業の比較優位についても合理性が担保できる前提を設けることが必要です。アナリストはときどき、自らが推奨する企業に関して競争優位の前提を置くことがあります。しかし、その根拠について説明可能な材料を示す準備が求められます。

第三に、「個別企業の戦略前提」です。投資見通し、分野や地域における「オーガニック」な展開見通し、M&Aなどの「インオーガニック」な展開見通し、そして自社株買いや配当政策といった資本政策見通しなどが包括的に含まれます。例えば、自社株買いの前提により1株あたりの指標は大きく変わります。

② モデル作成のポイント

以上の業績予想上の前提条件の設定は、ほぼすべてのアナリストが当然の与件として行なっているものだと思います。しかし、実際の表計算ソフトベースでのモデル作成にあたっては、アナリストの主義により色合いが異なってきます。

一つ目は、「モデルの複雑性」です。業績モデルは、適度な複雑さと簡潔さが必要であると考えます。モデルの簡略さが行き過ぎると、業績予想としての信頼性が危うくなります。一方で、ミクロ前提をマニアックに細かくつくり過ぎると、実態の動きに即した微調整が難しくなりますし、モデルのアップデートにも余計な手間を伴います。また、モデルの仕組みをアナリストだけが理解できるような独善的なものにすべきではなく、第三者が理解しやすいフォーマットにすべきです。

二つ目は、「業績モデルを顧客サービスに活かすべきである」というものです。宝のもち腐れにしてはいけません。投資家から業績モデルの提供を依頼されたときに、ご丁寧に計算式を消去してから送付するというケースをよく聞きました。顧客は、モデルの計算ロジックも知りたいはずですので、計算式は残すべきだというのが私の見解です。また、リクエストを受けた顧客に対しては、決算発表後に実績データをアップデートし、レポート上で業績見通しの計数の修正を発表したうえで、再度モデルを送付すると親切です。これは、投資家との緊密な関係を築くうえで一つの材料となります。

三つ目も、「投資家を意識した工夫」です。第3章において、表計算ソフトのモデル作成では、日本語と英語の切り替えファンクションを設けるべきであると述べました。まさに、業績モデルは日本と海外の投資家からのニーズも強いため、このファンクションを設けるべきでしょう。また、投資家によっては、自身の海外のカウンターパート（対応相手）とのコミュニケーションで英語バージョンが必要となることも多いので、国内投資家に対しても英語への切り替え方法を示したほうが親切だと思います。

四つ目として、後でも詳述する「センシティビティ分析（ある変数の変動に対して他の変数がどのように変化するかを調べる分析手法）が可能な形式にすべき」という点です。マクロ前提や企業独自のミクロ前提の計数を入力する個所を集約化して、そのエリアの計数を入れ替えればモデルがアップデートされるような形式にすることで、外部環境の変化をモデルに反映させることが可能になります。

■バリュエーション・モデルはこう工夫する

目標株価の設定や投資方針を決定するための重要な材料を提供するのが、「バリュエーション・モデル（次ページの図表34参照）」です。株価のフェアバリュー（公正価値）を求めるためには、1株あたりの純資産価値や当期利益の予想値が必要となるため、アナリストの多くは、業績モデルとバリュエーション・モデルを一体化させています。

バリュエーションの構成要素は、発行済株式数（自己株式控除済み）、株主資本、当期利益、配当などの実績および予想値です。これに自社株買いや配当政策など、株主還元に係るアナリスト予想と、株主資本ならびに当期利益のアナリスト予想が反映されます。さらに、フェアバリュー算定のために最も重要な前提が、株主資本コストないしは期待収益率です。

可変要素が多いため、株価のあるべき姿であるフェアバリューは一部あるいは複数のバリュエーション構成要素の微細な変化により大きな影響を受けます。そこで、バリュエーション・モデルに必ず付属させたい機能が、「センシティビティ分析」です。センシティビティ分析とは、感度分析とも称され、投資評価などでシミュレーションを行なう際に、ある一つの要素（変数・パラメータ）が現状あるいは予測値から変動したとき、投資評価などのシミュレーション結果にどの程度の影響を与えるかを見る分析のことです。例えば、利益は10％増えて、資本コストが1ポイント低下した場合の、フェアバリュー（公正価値）の変動はセンシティビティ分析により簡単に与えられるはずです。さらに、利益に影響を与える為替レー

図表34　バリュエーション・モデルのサンプル

【株価】

	みずほ	MUFG	SMFG	りそな	SMTH	新生	あおぞら	千葉	横浜
与件>>	203	671	4,473	642	472	217	391	801	664
	TOPIX*	JBG yield	6 month	3 year	7 year	10 year	FX(Y/$)		
与件>>	1,400	（金利上昇）	0.00%	0.00%	0.00%	0.00%	115		

*2014/9=1326.29

		みずほ 国際基準	MUFG 国際基準	SMFG 国際基準	りそな 国内基準	SMTH 国際基準	新生 国内基準	あおぞら 国内基準	千葉 国際基準	横浜 国際基準
普通株等Tier 1 比率（経過措置）	15/3	9.48%	11.32%	10.90%	7.78%	9.01%	12.01%	13.71%	12.84%	12.50%
普通株等Tier 1 比率（完全適用）	15/3	10.24%	11.79%	11.01%	7.46%	9.01%	11.16%	13.23%	13.69%	12.99%
普通株等Tier 1 比率（経過措置）	19/3	14.11%	16.27%	15.98%	12.67%	12.65%	16.33%	16.46%	16.81%	17.22%
普通株等Tier 1 比率（完全適用）	19/3	13.57%	15.07%	14.96%	10.76%	11.79%	15.93%	16.42%	16.51%	16.73%
発行済普通株数	14/9	24,380.2	13,980.6	1,367.3	2,186.4	3,902.2	2,653.9	1,166.4	870.1	1,331.9
希薄化株数	14/9	982.0	0.0	0.0	70.8	0.0	0.0	406.4	0.0	0.0
総希薄化株数	14/9	25,362.2	13,980.6	1,367.3	2,257.2	3,902.2	2,653.9	1,572.8	870.1	1,331.9
連結当期利益（E）	15/3	592.6	980.3	697.9	197.0	154.6	61.3	46.1	51.8	66.0
株価		203	671	4,473	642	472	217	391	801	664
自己資本	15/3	7,643.0	14,238.1	8,582.2	1,886.3	2,271.3	748.9	546.2	839.3	952.8
自己資本（非転換優先株を除く）	15/3	7,643.0	14,238.1	8,582.2	1,648.3	2,162.3	748.9	546.2	839.3	952.8
BPS（総希薄化）	15/3	301.4	1,018.4	6,276.8	673.5	554.1	282.2	337.3	964.6	715.4
BPS（優先株額面控除）	15/3	302.1	1,018.4	6,276.8	673.5	554.1	282.2	337.3	964.6	715.4
EPS（e）	15/3	25.7	73.4	551.1	73.7	44.0	26.3	42.3	54.7	51.0
フェアバリュー		347	991	7,440	995	594	356	571	738	688
PER		7.9	9.1	8.1	8.7	10.7	8.2	9.2	14.6	13.0
PBR		0.67	0.66	0.71	0.95	0.85	0.77	1.16	0.83	0.93
【センシティビティデータ（税引後）】										
ベース当期利益（15/3）		592.6	980.3	697.9	197.0	154.6	61.3	46.1	51.8	66.0
ベース当期利益（16/3）		651.3	1,026.3	753.6	161.2	171.6	69.9	49.3	47.6	67.9
ベース当期利益（17/3）		684.0	1,124.7	833.9	178.9	187.9	71.0	49.6	50.3	80.4
為替影響@10Y/$		30.0	45.0	35.0	0.0	5.0	0.0	0.0	0.0	0.0

トなどのマクロ計数とフェアバリューとのバリュエーション・マトリックスなども、為替相場が不安定な動きをする局面では極めて使い勝手の良いツールとなります。

　このようなバリュエーション・モデルについても、業績モデル同様に、決算発表および業績モデルの公式な変更（レポート発行済みが要件）ごとにアップデートして、それを必要とする投資家などの顧客への提供をお勧めします。したがって、業績モデルで述べたような簡潔性や変数のインプットしやすさなどの工夫をすることが大切です。

■産業データベースでも差別化できる

アナリストが独自性を発揮するワークシートである業績モデルやバリュエーション・モデルとは異なり、実績を着実に、また愚直に蓄積させていくのが産業データベースです。市場データ、個社別データ、マクロデータなどを時系列的に、かつクロスセクショナルに積み重ねていくのですが、ここでも使い勝手の良さをいかに担保するかが腕の見せどころです。

例えば私は、大手銀行と主要地方銀行の二つのファイルを別々に作成し、それぞれに1990年冒頭からの長期時系列データを項目別にデータベース化しました。それぞれの項目には銀行の横比較ができるような工夫を施し、例えば不良債権処理損失のデータを長期的な銀行比較チャートがすぐにつくれるようなデータの集計方法を取りました。

また、それぞれのデータを「年度」「半期」「四半期」「四半期累積」の四つのタブで管理しているため、1個のファイルで四つの異なるディメンション（属性）での長期時系列データを管理していました。このデータファイルは、決算発表後に投資家に送付できるように整備しました。

データベースは、どの証券会社のアナリストもきちんとした整備をしているところで、差別化は図れないように思われるかもしれません。しかし、ユーザーフレンドリーなつくりとなっているかどうかで、「使えるアナリスト」かどうかの差が出てきます。

■レポートを書くときの留意点

以上三つの項目については、基本的にインターナルな管理型プロダクトで、対外的にはバイサイド・アナリストと一部のファンドマネジャー向けのサービスに限られます。これから説明するプロダクトは、不特定多数を対象とする、アナリストの典型的なプロダクトです。

「アナリストそのもの」と言われるレポートは、アナリストの外部的な評価に基づき価値をつくり出す源泉です。アナリストはレポートを書いて「なんぼのもん」です。しかし、アナリストはただレポートを書き続ければいいというものでもありません。以下、いくつかレポートに関する注意事項を述べたいと思います。ただし、このセクションでは、あくまでも標準的なアナリストにとっての必要事項に留め、より高い評価を得るための工夫については第7章に委ねます。

第一に、決算リアクションやイベントリアクションのような「リテンションレポート」についてです。リテンションレポートは、各証券会社から一斉に出されるため、差別化するのは容易ではありません。投資家がすべてのアナリストのレポートに目を通すとは思えないので、もし一斉に同じテーマのレポートが出される場合は、普段から頼りにしているアナリストのレポートしか読まれないだろうという割り切りが必要です。しかし、リテンションだからと言って出さなくて良いというものではありません。少なくともセールス部隊（営業部門）は、アナリスト・レポートに基づいて投資家などの顧客への情報還元を行なうため、誰もがレポートを書く局面で書かないという選択肢はありません。では、どうしたら良いかと言うと、「ほかのアナリストに先んじて出す」「内容の濃い短いレポートにする」「肩の力を抜く」の3点です。ほかにレポートが出ていなければ読まれる可能性は増します。グダグダと長いレポートよりは、知らせたい知見をシャープに書いたレポートのほうが（特に全セクターを見ているような）ファンドマネジャーが読む確率は高まります。そして、同じ力を入れるなら、リテンションレポートではなく、「テーマレポート」にするのが良いと思います。

第二に、リテンション以外のレポートは惰性で書いてはいけないということです。一度でもレポートで飽きられた場合、次回のレポートで再度読まれる可能性は格段に下がります。飽きられないレポートを書く、ハートに刺さる何かを含むレポートを書く、これが私からのアドバイスです。ほかのアナリストが考えていないようなテーマをベースに、問題意識を駆り立てるようなレポートがテーマレポートです。自らの業界だけに関心をもっている人は、競争相手を出し抜くようなテーマを提示することはなかなかできません。感覚を研ぎ澄ませて、訴求力のあるテーマに挑戦しましょう。

第三に、政策提言レポートです。自らが担当する業界の競争力を何らかの形で引き上げられるような、政策的、制度的、法的な提言を行なうレポートは、えてしてセールス部隊からの評判は芳しくありません。トレーディングに直結する材料に乏しい場合が多いからです。セールスは短期的なコミッションにしか興味がない場合が多いのですが、長期志向の投資家は必ず聞く耳をもってくれます。それよりも大きな意味は、担当企業との信頼性の向上にあります。こうした政策提言的なレポートは、業界トップの目に触れる場合も多く、それを材料にトップと意見交換を求められるような機会も増えていきます。

■プレゼンに求められる真摯な姿勢

レポートは、口頭での直接的な説明を行なわないことを前提としているため、かなり丁寧に説明する必要がありますが、プレゼン資料は説明が前提となっているので、逆に「詳しく記載しないことが工夫」となります。

プレゼン資料の作成に関する注意事項と工夫のアドバイスに関しては、第3章をいま一度確認してください。おさらいとして具体的には、第一にコンパクトさ、重要事項のみの記載、収納の容易性などからお勧めする「A5判」フォーマットについて、第二にハートをわしづかみにするようなタイトルとヘッドラインについて、第三に文字数は少なく主張をサポートする図表を多用するなどの工夫について、そして第四にあえて重要なこともたまには載せずにメモさせるようなテクニックについてでした。

アナリストのプレゼン資料として、あえて付け加えるべきところは、「前回の反省」ではないかと思います。常に正しい予想をするアナリストは存在しません。どんな優秀なアナリストでも必ず間違います。私も、たくさん間違いました。特に相場見通しは外すことが多く、逆に見事に当たった局面は少なく、鮮明に記憶しているほどです。しかし、「外して申し訳ありません」という姿勢では、あまりに芸がありません。あえて、前回のプレゼンの内容を振り返り、何が予想と違った原因なのか、どうすれば次回、同様な状況で正しい予想ができるかなどについて反省するページをつくるべきです。

アナリストの見通しは常にアップデートされるので、反省する機会があまりないのが現実です。しかし、レビューこそが将来の糧になるはずです。また、同時に投資家に対しても誠実な態度を維持することができます。予想が当たったときだけ騒ぐのではなく、外れたときにこそ真摯な姿勢が問われるのです。

■外部執筆（雑誌寄稿、著書執筆）による相乗効果

アナリストがつくり出すプロダクトとしては、最大のオーディエンスが期待できるアナリスト・レポート、対面での説明が前提のプレゼン資料など、顧客向けの説明資料が代表的ですが、そのほかにもレポートなどの舞台装置となっている業績モデルとバリュエーション・モデル、そしてアナリストと顧客の双方に有用な産業データベースなども広い意味での営業活動の一環とみなせます。これらとは少々色彩が異なるのが「外部執筆活動」です。

雑誌への寄稿、インタビュー、書籍の執筆などは、いずれも純粋にアナリストとしての営業活動に直結するものではありません。証券会社によっては、外部での執筆に関する報酬の会社への帰属や、そもそも外部執筆を簡単には認めないところもあるようです。

しかし外部執筆は、自己のマーケットバリュー向上ならびに営業活動との相乗効果がそれぞれ期待できる貴重な機会です。寄稿した論文や著書が巷で話題になれば、アナリストの知名度を上げるなど、マーケットバリューを高めます。また、せっかく良いアイデアを詰め込んだレポートを書いても、各証券各社が山ほどのレポートを出している中で埋もれてしまう場合も少なくありません。しかし、雑誌などの独立媒体はしっかりと読まれることも多く、レポートを読んでいない投資家に対しても意外な訴求力を発揮することがあるのです。

レポートを書く、その派生形として雑誌に寄稿する、それが新聞で取り上げられる、市場で話題になる、レポート送付やミーティングリクエストが舞い込む――という良いスパイラルに入ればこちらのものです。つまり、外部の媒体からレポートへと誘導するパターンです。こういったことがきっかけとなって、投資家や担当企業から定期的なミーティングを依頼されることも意外と多いものです。さらに言い換えれば、レポートと外部媒体との共鳴です。

いきなり雑誌社へ投稿原稿をもち込んでも、ある程度のコネクションなどのつながりがなければ、それが掲載される期待はもてません。そのため、日ごろよりメディアの取材は忙しくても協力的に対応すべきです。実は、私もアナリストデビューしてから間もなく、メディアへの取材協力をする機会がありました。その後、会計処理の変更に関するレポートがメディアに紹介され、無名にもかかわらず、ミーティングの依頼が舞い込むという経験をしました。ご縁は大切にしたいものです。

勝ち残るための勘どころ

■ジュニアアナリストとアソシエイトの心得

① ジュニアアナリスト暗黒のスタートアップ

新卒採用としてリサーチに着任した人を含めてキャリアの浅いアナリストは、まずシニアアナリストの「弟子」としての生活が始まります。弟子のジュニアアナリストは、師匠であるシニアアナリストの言いつけで雑務が多いと思います。弟子は、朝が早く夜は遅いのが普通です。

日々、師匠への尊崇と整合的に、師匠への怒りが募ります。半年もすると、「こんなアナリストの下に就いて、自分はなんて不運だろう」と思うようになります。そして1年もすると、「こんな毎日で自分のキャリアは大丈夫だろうか」という疑問がわき上がります。

② アナリストは特別なキャリアではない

こういったプロセスは、誰もが経験するジュニアアナリストとしての助走期間です。

しかし、私が証券会社の社長であれば、新人教育の一環として、もっと厳しい支店営業で個人営業を徹底的に叩き込んでからリサーチに戻すでしょう。それだけ、若手の職業アナリストとしての基本動作の修得には地味で厳しい「修業」と「修行」が必要だと思うからです。

現場で、証券会社にとって顧客とはどういう存在か、投資商品の営業にはどういった要素が必要か、言葉遣いはきちんとしているか、電話での対応は一人前か、怒り狂った顧客を前に冷静に対応ができるか――、これらすべてはアナリストのキャリアに必ず役に立ちます。

アナリストになったということは、それだけである意味選ばれた存在かもしれませんが、「自分は特別だ」という意識はかなぐり捨てたほうが身のためです。誰もが顧客の前では一営業パーソンでしかないのです。

③ 現実的にジュニアが日々をどう送るべきか

営業店で修行（修業）できなければ、リサーチで徹底的に修行しようという気持ちで日々の業務に臨むべきです。修行は朝の勤行から始まります。アナリストは誰よりも早く出社し、朝会資料を用意します。それを行なうときは修行の意識がなければ、「私はコピーを取るために高等教育を受けたわけではない」と思う瞬間となります。しかし、よく考えてみてください。誰かがコピーを取らなければならないのです。何の実績も、何の経験もない若手であれば、こうした雑務は当然のこととして受け止めなければなりません。

しかし、コピーを取って朝会のミーティングルームにもって行って終了なら、それは作業であって勤行ではありません。せっかく複数のセクターのシニアアナリストが書いたレポートをコピーしたわけですから、そうした数多くの知見に触れる貴重な機会と捉えるべきです。朝会でのコメントを聞くことができたとすれば、これほど凝縮された短時間の学習の機会はありません。しっかりと、ほかのセクターで何が起きているのか、どういう状況でどのようなコメントをすれば良いのか、セールスが最も反応する瞬間はどこなのか――、情報とテクニックを上手にピックアップしていきましょう。

データの整備も、モデルのメンテナンスも、情報収集活動も、すべてが修行の機会で、単調な作業ほど多くの学びのチャンスが埋もれています。それを掘り起こせるかどうかで、さなぎから蝶へと成長する速度も違ってきます。作業効率を良くするにはどうしたらいいかを考えましょう。情報のリソースもシニアアナリストが考えなかった方法などを探してみましょう。モデルも、自分ならもっと良いものができるかもしれません。そういった問題意識をもって単調な仕事に向き合えば、それは作業ではなく仕事であり、学びへと変化します。

④ 精進を重ねる

ジュニアアナリストの毎日は、睡眠時間が削られ、休日も返上し、精神的にも肉体的にも厳しいと思います。しかし、極力時間を見つけて勉強に励みましょう。まずは、証券アナリスト検定会員の資格獲得です。日本アナリスト協会の通信教育を受け、1次と2次の試験に合格するまでは2年以上の期間が必要です。時間をうまく使いながら、自分磨きをしてください。

そして、是非目指してほしいのがアメリカのアナリスト資格であるCFAの取得です。すでに第4章でも紹介しましたが、3次レベルまであり英語での試験となるため、非常に難しい試験です。しかし難関だからこそ、目指してほしいと思います。セルサイド、バイサイドを含めてCFAの有資格者は多くありません。是非チャレンジしてください。

■時間管理はアイデア管理

貴重な時間のマネジメントについては第1部でかなり細かく説明しましたが、アナリストとして生き残るためには最も重要な要素ですので、読み返してください。

なぜ「時間管理」が重要かと言えば、アイデア製造プロセスを確保するためです。長時間、机に向かっていても良いアイデアは生まれません。仕事に追い込まれた環境下で、新鮮で他社の商売敵が考えないようなアイデアが出てくるわけがありません。

ジュニアやアソシエイトの場合は、修行（修業）が仕事ですからアイデアを創造するために仕事の手抜きをすることはお勧めできません。しかし、アナリストとして独り立ちした後は、発想力がアナリストの価値を決めると言っても過言ではありません。

もちろん、決算分析を長時間行なった結果、ほかのアナリストや投資家が発見できないような事実を究明できるかもしれません。しかし、それも高い問題意識をもって臨んだときにはじめて実現するものです。仕事はメリハリが肝心です。多少手を抜くところをつくってでも、自分のオフタイムをつくるべきです。

銀行決算はその昔、各行が同時期に集中する傾向があったので、一般的に決算発表日は日付変更線をまたいでの仕事になりました。決算発表後は、絶え間なく会社主催のカンファレンスコールが催されます。私は、イヤホンでこれを聞きながら、7割の注意力でほかの作業をしていました。その結果、早めに帰宅して夕食を食べながらバラエティ番組を見て、突然良いアイデアがひらめいたりしました。

時間管理は、アナリストの生命線であるアイデア管理に直結します。アナリストの仕事は、「始めたら終わりがない」とよく言われます。際限ない仕事の海で溺れるよりは、ビーチに戻ってリラックスする時間を確保するのが得策です。リラックスしながらも、深層心理で問題意識を働かせていれば、アイデアの神様がコールをしてくれるのです。

■自分の居場所を確保する

生き残りのための近道は、「得意分野（自分の居場所）」をつくることです。業界知識に長け、海外市場にも通じ、会計知識も豊富、相場観も良くて推奨がよく当たり、担当企業トップからの信頼も厚い、それでいて性格も良くて顧客サービスが最高である――。そのような百点満点のアナリストは滅多に存在しません。投資家も万能選手を期待しているわけではなく、必然的に必要に応じて使い勝手の良いアナリストを頼りにします。

私もアナリストになったときに、ある大物投資家から「ファンドマネジャーは一つのセクターで三人まで頼りにするアナリストがいるから、その一人になるように努力しなさい」と言われました。これは何も、アナリストランキングなどでトップスリー以外は用がないという意味ではありません。それぞれの投資家が頼みとするアナリストのタイプは、必ずしも同質だとは限りません。したがって、まずは一つでも秀でた得意分野をもつべきであると考えます。

次に、ブランド力をつける意識も大切です。これは得意分野と関係する部分でもありますが、コア・コンピタンスのある分野でブランド力をつける以外にも、仕事上のスタイルでブランディングすることも可能です。具体的には、「品質」「価格」「サービス」です。

品質とは、レポートや顧客に供給するレポート以外のプロダクトのクォリティです。アナリストとしての能力の本質的な部分ですので、高品質のブランドで訴求できれば最高です。

価格とは、投資家にとってのコストです。証券会社の営業スタイルやアナリストのポリシーによっては、相応の手数料を支払ってくれる投資家などの顧客以外へのサービス提供は手薄になりがちです。あまねく幅広い顧客に対して、心のこもったリサーチサービスを提供できれば、「価格競争力がある」というブランディングを印象づけることができます。

サービスとは、投資家などの顧客へのサービスの充実です。データ提供、レポート発行後の電話やミーティングを通じた丁寧な個別説明、企業トップなどとのミーティングアレンジメント、国内外への同行取材など、アナリストが顧客に対して行なうサービスの範囲は幅広いものです。こうしたサービスで高い評価を得るアナリストも確実に存在します。

以上をまとめますと、リサーチ上の得意分野を確保する、あるいは仕事のスタイルでのブランド力をつけることができれば、アナリストとして生き残れる確率は格段に高まります。

■人の役に立つ

先ほど自分の得意分野を磨いて特色あるアナリストになることで、「自分の居場所」が確保できる仕組みについて述べましたが、これは、「いかに人の役に立つことができるか」という発想に立ったものでなければなりません。

産業データの整備を徹底するのであれば、初めてそのデータファイルを見る人にとっても非常にわかりやすいフォーマットにすべきです。私もデータベースやモデルに関しては、色（塗りつぶしと文字の色）を駆使して初見で何がどこにあるのかがわかる形に工夫しました。

また、業界で話題になる出来事があったときは、投資家の立場であれば何が必要な情報かを考え、法的、政治的、経済的、そして経営的な側面からの情報収集と分析を周到に行ない、顧客への還元を図るべきです。

端的に言えば、「かゆいところに手が届く」アナリストになることが、生き残りのためのもう一つの要件です。もし、どこがかゆいのかがわからなければ、投資家などの顧客に尋ねればいいのです。いわゆる「御用伺い」です。投資家の悩みやニーズへの洞察力は大切なアナリストの技量ですが、この技量が足りないのであれば積極的にニーズを確認しましょう。そして、きちんとフィードバックすれば、それだけでも信頼関係が生まれます。

■ニュースソースを広げる

私はアナリスト時代、埼玉県の南浦和に住んでいたために日本経済新聞の13版しか目にすることができませんでした（新聞は締め切りの関係で地域によって版が変わります）。多くのスクープ記事が14版の一面トップになりますので、大変困りました。ネットでヘッドラインを見ることでなんとか対処しましたが、ニュースへの対応はアナリストの生命線でもあります。

主要経済圏の経済紙である、日本経済新聞、ウォール・ストリート・ジャーナル、フィナンシャル・タイムズの3紙は必ず読まなければいけないニュースソースです。しかし、新聞だけではなく、『FACTA』や『財界』などのある意味エッジの利いたジャーナリズムへの関心も必要です。

いまでは、ネットでヘッドラインは把握できる状況にもなっているので、タブレットやスマートフォンで主要ニュースソースはチェックできる体制とすべきです。

一つお勧めのニュースソースを最後に述べておきます。私の一押しは「NewsPicks」です。投資銀行系の出身者により立ち上げられたサイトです。私も、2015年に同サイトから依頼され「プロピッカー」という月次の報酬を受け取りながら、ニュースへのコメントを行なう立場となっています。

このサイトのメリットは、ウォール・ストリート・ジャーナルを参照できるというわかりやすい利点があるほか、意識の高い人がエントリーしているサイトであるため、重要なニュースが常にアップされること、そしてそれぞれのニュースに対して100人のプロピッカーなどがコメントしていることが挙げられます。ニュースリアクションで困ることも多いと思いますが、このサイトは無料会員としての利用も可能ですので、トライアルしてみるのもいいかもしれません。

■ノンコンセンサスの山を築く

効率的市場仮説が成立する世界では、利用可能なすべての情報が瞬時に株価などの資産価格に織り込まれてしまうため、アナリストが株価の非効率性を見出して投資機会を提起することが難しくなります。特に昨今、適時開示やホームページ上でディスクローズしていない情報を取材で得ても、たとえそれが重要情報でなくともレポートなどに取り込んで、投資機会を提案することが難しくなっているので、

図表35　NewsPicksの画面例

出所：NewsPicks（https://newspicks.com/）

なおさらです。

しかし、そうした状況の中で、アナリストとしてのオリジナルな意見には、このような制約は受けません。想像力と創造力を駆使して、ほかのアナリストや投資家が共有していない意見を提示することは、セルサイド・アナリストとして勝ち残りの条件となります。

市場予想を「コンセンサス」あるいは「ストリート・コンセンサス」と言いますが、コンセンサスに非《あら》ずということを「ノンコンセンサス」と言います。このノンコンセンサスを積み上げていくことが、アナリストとしての独自性を示威する意味で大切なのです。これは、市場の平均的な考えに反するアイデアを無理にもちなさいということではありません。それでは、単なる天邪鬼《あまのじゃく》になってしまいます。

市場コンセンサスと異なる予想を「自然体」としてもつことは、自分の意見のポジションの特異性を示す意味で好都合です。しかし、その裏づけとなるロジックがなければなりません。そのロジックこそが、市場が見出せなかったものであり、そのアナリストの付加価値なのです。

もし、コンセンサスと同じ予想や考えをもっていたとしたら、それはそのアナリストのメインシナリオが市場コンセンサスと同一ということを意味します。そのときは、コンセンサスから外れた選択肢を複数考え出して、サブメインシナリオとして示すことが必要となります。そして、そうしたサブメインシナリオは、（a）どういった経路で至るものなのか、（b）どの程度の発生確率と考えるのか、（c）メインシナリオとの決定的な岐路はどこか、そして（d）サブメインシナリオの場合の投資戦略はどういったものか、などを示せば立派なレポートになります。

コンセンサスから外れたアイデアや予想をする訓練をするのではありません。あくまでも、最も確からしい確率で生起するシナリオを描くようにして、コンセンサスと異なるか同じかを気にする必要はありません。そのほかのケースについても発想を巡らすことが大切なのです。

ノンコンセンサスの山を築くこと、それはコントラリアン（市場予想に対して反対の投資戦略を行なうもの）になることではなく、メインシナリオ以外の経路を考えることです。そして、それを支えるロジックも忘れないようにしてください。

■宝の山を築く

投資家から質問やリクエストが数多く届くとします。皆さんはどう感じますか？忙しいときは、「勘弁してほしい」と思うかもしれません。「自分を頼りにしてくれて喜ばしい」と思うかもしれません。難しい質問を受けたら困ったことになるかもしれません。どう感じても構いません。しかし、全力で対応しましょう。

投資家からの質問や依頼は、アイデアの宝庫です。投資家からのリクエストに基づくプロダクトは、ほかの投資家も必要とする蓋然性の高いプロダクトとなるでしょう。では、どうするかについて紹介します。

第一に、質問集をデータベース化しましょう。ほぼ必ず同じ質問が飛んできます。即答できれば、かなり喜ばれるはずです。英語と日本語の両方で対応すればベターです。

第二に、投資家の質問は多くの市場参加者が意識的に抱えているか、あるいは無意識のうちに疑問に思っていることが多いので、レポートにしても良いかもしれません。これが、「かゆいところに手が届くアナリスト」となる手がかりになります。

第三に、投資家との面談などのコミュニケーションの場の話題にしても有効です。または、プレゼン資料に含めても良いと思います。ただし、事前にレポートに書いておく必要があります。

投資家との面談も、情報の宝庫です。一方的なプレゼンではなく、Q&A中心の双方向のミーティングが理想であることはすでに述べました。投資家がアナリストの想定していなかったアイデアをもっていることもあるため、投資家への営業はアウトプットの場であると同時にインプットの場でもあるのです。

私もなかなか良いアイデアがひらめかずに苦労したときに、投資家からの照会などからヒントをもらい、大いに助かりました。面倒なリクエストほど後々、大変貴重な果実になるはずです。投資家などの顧客との接点を最大限利用することが、何よりも勝ち残るアナリストの要件の一つであることを強く意識してください。

■国境を越える

私の経験上、骨の折れる企画のレポートほど、後で好評な場合が多かったと思います。面倒な企画物の一つが、別のグループとの「協働」です。ほかのセクターアナリストたちとの協働レポートは、一つのテーマで各業態に与える影響を分析するインデプス（深掘り詳細）

レポートで、多くのセクターのアナリストとファンドマネジャーから注目されます。もう一つは、グローバルな協働で別の地域のアナリストと共通テーマでレポートを書くことです。このグローバルレポートも、日本企業の国際的な競争力を確認できるとともに、国際投資の観点からグローバルな文脈で担当企業が投資に見合うかどうかも検証することができます。

個人プレーと違い、チームプレーはペースもまちまち、性格も異なるため、そう簡単に手続きが進むわけではありません。アナリストの個性は実に多彩ですし、特に国が違えばなおさらです。外国のアナリストは自己主張も強く、レポートの方向性が見失われかねないこともあります。しかし、異なるもの同士が触れ合うことで化学反応が生じます。プロセスが大変なほど、その果実には価値があります。

私の個人的な経験では、銀行、証券、保険、ノンバンクなど、狭義の金融業界に不動産、ＲＥＩＴを含めた広義の金融セクターのレポートを何度か書いたほか、私が勤務していた証券会社はグローバルネットワークの充実した会社であったため、グローバル協働のレポートを数多く書きました。

誰かにイニシアチブを期待するのではなく、自ら進んで事を起こさなければ何も始まりません。なかなか骨の折れる事業ではありますが、後から振り返れば貴重な挑戦だったと思えるでしょう。

■コミュニケーション力を磨く

コミュニケーションについては、第４章までのセクションにおいて解説してきましたので、ここでは勝ち残るアナリストとして最低限身につけておくべき作法について簡単に述べておきたいと思います。

第一に、良いプレゼンターとは、「話す力」より「聞く力」が高い人であるということです。聞くとは、相手の話を聞くという意味ではなく、相手の雰囲気から相手の感情をつかみ取る能力を指します。つまり、感受性が豊かであることが、コミュニケーション能力を高めるうえで重要な点です。流暢なプレゼンも、一方的な説明では相手の心に刺さりません。相手がつまらなそうな雰囲気を出していれば、その話題は切り上げて先へ行く、あるいは相手に関心のあることを訊ねてみましょう。第3章と第4章でも述べましたが、相手の態度や関心度に応じて超短時間から長時間の様々なバージョンの話ができる用意をすると便利です。

蛇足ですが、海外の顧客とのミーティングで「Interesting」と反応されることがしばしばあります。この言葉に、われわれ日本人は騙されがちです。相手が本心から言っているかいないかで、真意がまったく異なります。レベルとしては、①心底興味深いと思っている、②単なるうなずき、③「早く終わらせてくれ」という意味を込めての皮肉な言い方の三つがあります。相手の表情や前後のコメントなどを踏まえながら、レベル感を読み取って臨機応変に対応することが求められます。

第二に、話すスピードと沈黙、扱う用語でバリエーションをつけることです。強調したいところはゆっくり、重要でないところはハイペースで話すのが良いでしょう。また、適度な沈黙も相手の関心を引くうえでは必要です。特に、複数の聴衆がいるプレゼンでは、大切なポイント、独特な主張、盛り上げるために笑いを狙う前で一拍置くと有効です。また、使用する用語も、相手の専門性に合わせて使い分けるのが良いと思います。

第三に、相手の印象に残るようにすることです。俗に「つかみ」が大切だと言われます。確かにスムーズなコミュニケーションを狙う場合には、初動の段階で相手の関心をひきつけるための細工が必要です。しかし、もっと大切なのは、相手が聞いて良かったと思うようなエンディングを迎えることです。これもよく言われるように、「終わり良ければ、すべて良し」ということです。相手が聞いたことがないような話や、研ぎ澄まされた結論、和やかな話を織り交ぜながらのラップアップなどが、ミーティングの締めの一杯になります。

手前味噌すぎる話ではあるのですが、嬉しい思い出なのでお話ししたいと思います。数年前にロンドンで、ヨーロッパとアメリカの投資家を集めて「バンクアナリスト・デー」というイベントを開催しました。各地域を代表するアナリストが10名程度参加した行事ですが、その中で一人15分程度のプレゼンが冒頭の全体セッションで催されました。ほかのアナリストは英語のネイティブスピーカーなので、当然にして私の英語力はボトムでした。しかし、聴衆から受けた拍手は最大だったと後から主担当のセールスに言われました。これは短い話の中で、「ほかのアナリストからは聞いたことがないであろう切り口の話題」「明確な主張のポイント」「スベっても恥ずかしくない軽いタッチの笑い」、そして最後に「多少のユーモアを混ぜながらもプレゼンで強調したい最大のポイント」を盛り込んだためです。

語学力も大切です。話す力も大切です。しかし、コミュニケーションやプレゼンで最も大切なのは、「場の雰囲気を感じ取る力」と「構成力」、そして臨機応変に話のペースや内容を変える「柔軟性」であることを、この経験が物語っていると思います。

第7章　超一流アナリストの決め手

超一流になるための基本スタイル

■心の磨き方

①　心は技術より尊い

相場センスが極めて優れているアナリスト、業界知見では比肩する相手がいないアナリスト、卓越した分析力と調査能力があるアナリスト――、このように様々な形で人より秀でた能力を有した一流アナリストは、いつの時代でも輝きを放っています。私も業界分析のアイデアやきめ細かな顧客対応などによりトップアナリストとしての評価をいただくことができましたが、そうした評価をいただく中でも日ごろより大切にしている価値観があります。それは、自分とそしてご縁をいただいた多くの方々の幸福を少しでも増やしたいということです。

いかに素晴らしい能力をもっていたとしても、あるいはアナリストとしての技術力を備えていたとしても、（自分自身を含め）人を大切に思う心がなければ、超一流への道は閉ざされると思います。心を磨き上げ、内なる思いを強くすることが、能力や技術に裏打ちされた外的な輝きをさらに大きくするのだと思います。

本書を手に取っていただいた読者の皆さんは、超一流になるためのテクニックなどを本書に期待していることと思います。しかし、超一流の人間性がなければ超一流の仕事人にはなれないと私は確信していますので、前半ではマインド的なポイントを縷々述べてきました。まとめとなる本章においても、テクニックなどを含め専門的な知見を披露するつもりですが、これらと同時にご理解いただきたいのは、人を大切に思う気持ちが所作の根底にあり、それが何よりも大切であるということです。

② 揺るがない力

目の前で起こるあらゆる事実や環境変化を受け止め、過度に浮かれたり沈んだりすることなく、冷静に最適な選択を行なうということは易しいことではありません。しかし、物事を受け止める力を鍛錬すれば、自らの座標軸を固め、揺るがない心をもつことが可能になります。これが「受容力」です。

本書の第1部では、「受容力」「期待値のコントロール」「感謝の座標軸」について個別に述べましたが、これら三つは相互に密接につながっています。細かなことはすでに説明しましたので、ここではこれらのつながりの中での重要なポイントを述べるに留めます。
「当然である」と考えることを極力少なくすれば、人生は感謝の連続となります。アナリストに従事していれば、相場環境、投資家などの顧客からの評価、毎年変わる処遇環境、思うに任せぬレポート発行プロセスなど、アゲンストの風に見舞われることも少なくありません。それらを不運と捉えて落胆する、責任転嫁先を考える、飲んで忘れるなど、様々な反応をするのが人として普通かもしれません。

しかし、期待値を低いレベルに留め、日ごろの当たり前なことに感謝し、不遇と思われる事象をもキャリア上、不可欠な材料と受け止める力をもてば、心の平安は確保されます。波風のない時間の経過を幸福に感じ、当たり前のように発行されるレポートに携わる人々に感謝する、手のかかる顧客リクエストを新しいリサーチアイデアの機会と受け止める――。こうすれば、いずれも自分の幸福感だけではなく、周囲の人々への感謝の気持ちが伝わって「しあわせ」が伝播します。

気持ちのもち方と言ってしまえばそれまでですが、受容力を高めることが想定外の事象への処理能力を強化し、ストレスを溶かし、自分自身と周囲の人々の幸福感を向上させることができるのです。

■仕事との向き合い方

① 効率性を高める基本的姿勢

アナリストとしてだけではなく、すべての職業に共通する仕事術として第1部で披露した項目のエッセンスをまとめておきます。まずは、労働効率性を高めるための基本です。

第一に、「クリーンデスク&クリーンルーム」です。少なくとも私が知るアナリストの多くは、トップランカーも含め、総じて書類の山の中で仕事をしています。混とんとした環境のほうが気持ちよく仕事ができるという価値観をおもちなら、それでも構いません。しかし、必要な資料を探し出す時間や、重要なメモの散逸などのリスクを除去したいのであれば、清潔な環境にしておくべきです。埃は自分自身ばかりでなく、アシスタントなど周囲の人の健康にも影響することを認識する必要があります。

第二に、「ミニマムストレージ」です。クリーンデスクにも通じますが、紙による保管をなくすことで、スペースは解放されますし、PDFなどによる保管により的確に必要な資料に到達することが可能となります。有価証券報告書やディスクロージャー誌、会社説明会資料などの担当企業の資料はもとより、自分のプレゼン資料やレポートなどもPDFやパワーポイントファイルでの保管に統一することは、スペース的にもデータベースとしての分類管理能力改善という視点からもプラスです。

第三に、「エンプティ・メールボックス」です。多忙なビジネスパーソンのメールボックスには毎日数百件以上にも及ぶメールが舞い込みます。その多くがさほど重要ではないものです。しかし、中には仕事上の重要案件や緊急性の高いものが含まれます。

そこで、第1部でも提案したのが、受信箱ゼロに維持することと、そのためのフォルダー管理です。常にメールボックスを空にしておくことで、重要性や緊急性の峻別が瞬時につくようになります。それを可能にするために有効なのが、送受信メールの目的別の振り分けを行なうフォルダー管理です。緊急性の高い案件のみを受信箱に残し、重要性が高くても時間を要するリクエストなどを「要対応」、社内のアドミ関係で対応が必要なものなどを「当面保管」などと、用途に応じたメールフォルダーを作成して管理します。そして、顧客対応で用いた送信メールや役に立つ受信メールは半永久的に保存する「永久保管」に移したうえで、さらに「規制関係」「海外関係」「ＰＣ技術関係」などと細分化すれば、将来的に同様の質問やリクエストに接したときのデータベースとして活用することができます。

②　円滑な業務運営のための基本姿勢

次に、仕事の効率性と堅確性を同時に高めるための行動規範です。

第一に、「前さばき」の徹底です。仕事に追われると、良い仕事ができなくなるのは世の常です。飛んでくる仕事を懐に入れる前に対処することが、前さばきの技術です。アナリストとしての評価が高まっていくにつれて、幾何級数的に仕事のインバウンドが増えます。私は外部スピーカーとしての講演依頼やメディアの執筆依頼などを極力断らないようにしていましたが、納期・分量・内容などにより受けるべきか否かの判断を5分以内に行ないました。

社内外からの問い合わせについては、あやふやな内容のものも多いため初動対応として質問の明確化を行ない、また、社内のリソースで済むものはそちらに誘導します。海外の同僚との協力が必要な場合は、自分の分担に取りかかる前に、初動段階で依頼をします。ミーティングなどの依頼は、自分のインプットのための時間を確保したうえで、数週間先になることも覚悟してもらいながら調整します。一度受けてしまったものに対しては、全力で責任感ある対応を行なうべきなので、時間や資源の配分に慌てる前に初動段階の前さばきが重要になるのです。

第二に、「イメージトレーニングの実践」です。忙しい日に限って、交通手段の不具合などで予定が混乱するものです。また、初めて訪問する先などの場合、道に迷ったり、思い込みにより場所を間違えたりすることもあるでしょう。ですから、前日あるいは当日朝の段階で、一日の行動について頭の中でシミュレーションを行なうべきです。イメージトレーニングは、プレゼンや担当先企業の経営幹部との面談前にもよく行ないます。特に、思うに任せない状況になることを想定しながら、対処方法などを頭の中で描きます。海外出張も同様です。昔は海外における顧客訪問には車がついたものですが、いまはそんな贅沢は通用しません。香港であれば徒歩、ロンドンやニューヨークでは地下鉄やタクシーを利用するのが基本です。出張前に地図の手配をアシスタント任せにするのではなく、グーグルマップなどで事前に移動シミュレーションするとトラブルも少なくなります。

第三に、「サポーティングスタッフへの配慮」です。自分ひとりでは仕事はできません。身近なところでは、ジュニアアナリストやアシスタント、レポートやプレゼンについてはプロダクションチーム、顧客とのインターフェイスでは国内外のセールスチームというように、相応の気配りは大切です。これも一つのスキルだと私は思います。

③ 顧客満足度を高める基本姿勢

何よりも顧客の視点に立った対応が、アナリストの独善的な過ちを防いでくれます。顧客が何を望んでいるのか、どういう悩みがあるのか、何を訴えたいのか、アナリストは感受性を高めて相手の立場に立った行動を取ることで、顧客満足度を高めるべきです。

第一に、「即レスの励行」です。わざわざ質問やリクエストをしてくれる顧客は、困って頼ってきてくれる場合が多いのです。相手の立場からすれば、「アナリストはこのメールに気づいてくれるかしら」「仮に気づいても忙しいのでは」「回答を得るのにどのくらい時間がかかるだろう」とやきもきしながらメールの回答を待ちます。その後、早ければ1時間もすると、ほかのアナリストに同様の照会をすることになります。そこで、心がけたいのが「レス5分ルール」です。質問やリクエストに対する答えがわかれば5分以内に回答する。回答に時間がかかる場合は、回答予定時刻を回答する。これだけで、顧客の安心感は格段に増します。

第二に、「状況の伝達」です。即レスしようにも、ミーティング中はできません。出張はもちろんのこと、長時間のミーティングや複数件に及ぶ顧客訪問などの場合は、あらかじめ「不在応答」機能を利用すべきです。これにより、回答がなかなか来ない場合の心配や不安感についてもある程度抑制できます。場合によっては、ほかのアナリストに質問するケースも出てくるでしょうが、それは顧客の利便性を優先して理解すべきです。ただし、即レスなどの真摯な対応を続ければ、顧客はちゃんと待ってくれるものです。

第三に、「ミーティングの作法」です。顧客とのミーティングやプレゼンの主役は、あくまでも顧客です。準備したものを吐き出すのが、ミーティングにおけるアナリストの役割ではありません。事前に用意した資料は参考資料でしかなく、大事にしなければならないのは顧客が知りたいことです。第1部の一般論、第2部第4章のアナリストのプレゼン術でも述べましたが、仮に1時間の枠を与えられたアポイントメントであったとしても、相手の時間的な余裕や興味の多寡により時間の短縮も考えるべきです。私も、いかにも日本株に嫌気がさしている雰囲気の海外投資家を訪問した際に、どれくらいの時間のプレゼンを所望しているかを尋ねたところ「5分」と言われたので、本当に5分間の濃縮したプレゼンを行なったことがあります。それはそれで意外に評価されました。話す内容についても、用意されたプレゼン資料から外れた部分に関心があれば、ほとんど資料を使わずに話をしても良いと思います。ただし、そのときは、アナリストとしての意見がレポート等で示されていなければ語れない点に注意が必要です。

最後に、ミーティング資料に関する補足ですが、第3章と第4章のプレゼンの部分を再読してください。特に、フォーマットとしての「A5判のすすめ」のほか、「タイトルとヘッドラインに心を砕くこと」「自分で見てワクワクするものでなければやり直す必要があること」などを参考にしてください。

■スタイルの美学

① ハンズフリー

これから述べるスタイルについては個人的テイストの部分が大きいので、あくまでも私個人のスタイルということで、軽く読み飛ばしていただいても結構です。

最初のスタイルが「ハンズフリー」です。荷物をもたないことが理想です。実はこのスタイルは大学を卒業して社会人になってから一貫して通してきたもので、出張などを除いて、私はカバンをもったことがありません。顧客とのミーティングの場合は、顧客向けの資料のみをそのまま持参するくらいです。

決算説明会などにも、プレゼン資料はホームページにアップされるのでもち帰らず、ノート1冊のみを片手に出席します。この点は、すでに述べたペーパーレス主義と一貫性がある部分です。

海外出張も、着替えを圧縮パック、スーツも型崩れしない折り畳みケースに入れて、最長2週間をデイパック一つで動き回っていました。海外ではフライトでの移動が多いうえに、チェックインする荷物は途方もない国にもっていかれてしまうこともあり、またベルトコンベア前で待つ時間も無駄です。キャリーインのみが私のデフォルト（標準の状態）です。

② オフタイム・リラックス

なるべく多くのオフタイムを確保すべきというのが、私のもう一つのスタイルです。ロングフライトのときでも、仕事をせずに美味しいお酒を楽しみながら読書や映画鑑賞に没頭します。前にも述べましたが、オンタイムよりオフタイムのほうが良いアイデアが生まれる確率が高いように思います。

これも個人的な趣味の問題ですが、出張回数が多ければマイルが貯まります。私はほかのことには一切使わずに、ひたすらファーストクラスへのアップグレードに最大限の活用をしました。最近ではビジネスクラスの居住空間もかなり良くなっていますが、ファーストクラスは格別です。正規の追加料金を考えればマイル利用によるアップグレードは高パフォーマンスと言えます。旅の疲れの癒しと、珠玉のアイデア獲得のためにお勧めです。

これに関連するのが、休日出勤と深夜労働の抑制です。アナリストは仕事をしようと思えば、際限なく働けます。これを続けていると、心身ともに疲弊します。すでに、若いうちは修行であると述べましたが、一人前のアナリストになってからは、自己責任に基づいて休息の時間を確保すべきです。私が銀行員生活にピリオドを打ち、アナリスト業界に飛び込んだとき、隣席の（いつも嫌味しか言わない）アナリストが、「ノザキサン、アナリスト・マスト・シンク」とありがたいアドバイスをくれました。

実際、ホットヨガをしながらオフィスでは浮かばないような発想が出てきたことも一度や二度ではありません。余計なことを言うと反感を買いそうですが、ほぼ週1回有給休暇を取った時期もありました。仕事をしながら博士号を取得したことも、オンとオフのバランスを考えてQOL（クォリティ・オブ・ライフ）を高めようとする一環でした。しかし、オフを増やすことで想像力を創造することができたことも事実です。このような私の例は恵まれすぎであることは承知していますが、ただ、仕事に追われる生活から距離を置く勇気も必要であることは、ご理解いただきたいところです。

③ マーケットバリュー

私は、「アナリストはブランド店で、所属する会社は百貨店のようなもの」というたとえを就職活動で研究室に来訪してくる学生によくします。つまり、アナリストはブランド力の有無が重要な個人商店のようなもので、証券会社は専門店を抱えるデパートのようなものだということです。ブランド力があって、かつ集客力の高い専門店は、どこのデパートでも誘致したいところです。個人商店としての市場価値が、こうして形成されるのです。

皆さんもご承知のとおり、アナリストの価値は社内における人事査定で決まるものではなく、市場評価によるものです。翻って考えれば、社内の人事査定は市場評価の反映に過ぎません。ですから、社内バリューではなくマーケットバリューの改善に専念することが合理的な行動と言えます。

冗談のような話ですが、私は自分の会社の社長が交代したことに長い間、気づいていませんでした。ある日、社長秘書からアシスタント経由で面談希望が入ったのですが、私は顧客対応で忙しかったので、社内の人との面談をしている時間はないと断りました。「この人、誰だっけ?」とアシスタントに聞いたら社長だということがわかり、悪いことをしたなと思いましたが、仮に社長であることを認識していても結論は変わらなかったかもしれません。

④ 精神衛生上の留意点

アナリストは目立ちます。投資判断やレポートの内容が、メディアを通してマーケットに流れます。そうなると、個人投資家によってアナリストに対する賞賛や中傷をネット上に繰り広げられることがあります。

こうしたノイズに耳を貸すと、心は簡単に粉砕されてしまいます。アナリストになったら、ヤフーファイナンスの掲示板などはあまり見ないほうが良いでしょう。

超一流になるための考え方

■アナリストは間違える

①　逃げるのは失格

アナリストは予想するのが仕事です。事実の羅列だけでは、顧客が対価の支払いに資する仕事とは言えません。以前、運用業界の大重鎮と話をしたときに「ポジションを取らないアナリストとは話さない」とのお言葉をいただきましたが、間違った予想を行なうリスクを背負ってこそアナリストであるということを再認識しました。

アナリストが行なう予想は、株価の見通し（買いや売りの投資判断）などがすぐ浮かびますが、それればかりではなく、業界の競争環境の変化や規制の見通しなど、様々な見通しを示すこともアナリストの予想に含まれます。

投資家は、アナリストの予想に注目して自らの投資判断の材料とします。ですから、アナリストは自らが世間に示す予想に責任をもつ覚悟が必要です。だからと言って、逃げてばかりいては職責を果たすことになりません。アナリストは、誠意とエネルギーをもって最大限の注意を払いながら予想を行なう必要があるのです。

② 間違える超一流

とはいえ、アナリストも必ず間違えます。予想をするから間違えるのです。勇気をもってポジションを取るから間違えるのです。ですから、アナリストは間違えることをしっかりと受け止めるべきです。第1部で行動ファイナンス的な視点から間違えたことに対する正当化の強弁について述べましたが、アナリストも間違えることをきちんと認識すべきです。

私もかなり間違えました。基本的に業界の動向や、経営戦略の見通しについての誤りはほとんどなかったのですが、投資評価は、ボロボロに間違えました。「それでよく『超一流』という名前の付いた本を出すね」と言われると、返す言葉もありません。ただ、ある重要な顧客から「野﨑さんの投資判断には期待していないから気にしないで。あなたの価値は業界に対する洞察の深さだから。われわれはアナリストの投資判断どおりに動くほど低レベルではないよ」と言われました。喜んでいいのか、悲しんでいいのか――。身が縮んだ覚えだけ鮮明に記憶に残っています。

③ 素直さが最低条件

自意識が強いアナリストほど、自らの予想にしがみつく傾向が強いようです。そのようなアナリストは、明らかに間違った方向に世の中の情勢が向かっても、自らの主張を正当化することに神経を集中します。しかし、大切なのは自分のポジションではなく、投資家などの顧客をミスリードしないことです。そこで、第1部で述べた「サンクコストでの判断」をアナリスト予想全般に適用すべきであると考えます。

これは、過去に行なった予想を切り捨てて無責任になれということではありません。過去に行なった推奨や予想は、タイムマシンで過去に戻って変えることができないため、過去の推奨やアドバイスに引きずられないようにすることが重要なのです。そのうえで、間違えたら素直に謝るべきでしょう。

アナリストは完全ではありません。誠意をもって、自らの考えが至高であるという思い込みを捨てて、環境に即した柔軟性をもって投資家への情報還元に努めることが一番です。

アナリストの見通しが最も付加価値をもつのは、不透明要因の大きいときです。私はすでに述べたとおり、買いや売りの判断は外れることが数多くありました。しかし、投資判断以外の業界の重要事項についての予想についてはあまり間違えたことがありませんでした。銀行のグローバル規制などは良い例です。それ以上に印象に残ったのが、前でも述べた東京電力の福島第一原子力発電所事案でした。私が担当していたメガバンクは主力銀行だっただけに、その当時の東京電力の行く末は銀行財務にも影響したわけです。そのとき、私は当時の(民主党政権下の)主要閣僚の発言についてレポートを書きました。内容は、発言が(債権者と債務者の現実的な権利関係を踏まえ)大衆迎合的なトーンから現実的なトーンに変わったことを指摘したものです。その後の顚末は、そのレポートどおり、法的整理ではなく公的管理における整然とした処理に変わりました。

アナリストは、混とんとした状況の中で最も地力を発揮します。そのために、時々刻々と変化する状況においては、前言に縛られない対応が必要です。また、日ごろからの鍛錬として、自らが担当する業界の知識だけではなく、政治、経済学、金融論、法務にわたる幅広い知見をもつべきです。

④ 脱バイアス

トップアナリストにも思い込みはあります。あるいは、自らの信念をもっているがゆえに、それに応じたバイアスへの道を歩むことは少なくありません。ある意味で、できるアナリストほど効率性が高いがゆえに、自分がリソースを注ぐべき良い会社群とそうでないグループに意識を分けてしまいます。意識を分けることで、良いグループへのリサーチ資源の投入が集中できれば効率的なためです。

しかし、現実の会社という組織は、アナリストが考えているほど硬直的でもなければ単純でもありません。ですから、ダメな会社が化けることもあるのです。したがって、超一流への道を進むときに必要なのは、リサーチの効率性追求だけではなく、「変化への感性」を磨くことです。

それと同時に、アナリストは担当する企業との関係が緊密になると、その企業への思い入れが強くなり過ぎる傾向があります。投資家などからの悪い表現では「御用アナリスト」と言われてしまうリスクです。

私は、担当業界への愛情は高めるべきであると思いますが、個々の担当企業への評価はより冷徹なものであるべきだと考えます。そうでなければ、投資家ばかりでなく担当企業からも「安パイ」と思われても仕方がありません。あくまでも、愛すべきは業界であり、注目すべきは会社ではなく株価です。

■市場は間違える

①　市場は神ではない

市場主義経済学の祖であるアダム・スミスは、市場が「神の見えざる手」によって支配されると主張しましたし、金融市場ほど価格決定メカニズムが効率的である市場もほかにないと思います。しかし、市場には神の見えざる手は存在しても、市場そのものが神ではありません。

効率的市場仮説など、ユージン・ファーマらの理論に従えば、「ありとあらゆる情報が資産価格の形成に瞬時に寄与する」とされています。そうでなくとも、市場は流動性のある資産であればあるほど、環境情報を適切に価格に反映するものと考えられています。

しかし、市場は明らかに間違えます。なぜなら、市場の判断は独立ではなく、市場の空気を踏まえた「風を読んだ」判断となる傾向が強いからです。このため、アナリストは正論だけ吐いても投資家にとって有益とは言えません。株価はアナリストの意見ではなく、市場の総意で動くのです。この点を知っておくことが、普通のアナリストと一流アナリストの違いかもしれません。

アナリストに必要なのは、「外からの俯瞰性」であるため、ある程度インサイドの議論に付き合いながらも、自分としての独立した意見をもっているのが通常です。このため、自らの意見と実際のアウトカムが大きく乖離する場合が少なくありません。

② 間違え方を予想する

優秀なアナリストは、ある事象に対する解釈や市場価格への影響を精緻に分析します。そして、市場がその結論と異なった結末をもたらした場合は、市場は間違っていると主張するでしょう。その後、市場はこのアナリストの主張に耳を貸すようになり、市場価格はあるべき方向へと修正されていきます。

一方で超一流アナリストは、前述の優秀なアナリストがする分析を行なったうえで、さらに「市場の間違え方」を適切に予想します。つまり、市場があるべき結末とは異なる方向に向かう可能性をあらかじめ示すことができるのです。まず、合理的な結末をしっかりと予想することがボトムラインです。そのうえで、市場の間違え方を予想し、市場の予想のロジックと自分の見方のロジックをそれぞれ示すことが超一流の仕事だと思います。

しかし、実際はそこまで完璧にできる機会は多くはないでしょう。私も、何度も市場に痛い目に合わされました。ただ、成果を収めたこともあります。2002年から2003年にかけてのいわゆる「竹中ショック」の時期に、次のような二つの主張を展開しました。

一つは、不良債権処理や税効果などに係る追加的損失を多めに見積もったとしても、1株あたりの（プロフォーマベースの）ネットアセットバリュー（純資産価値あるいはネット株主資本）はいま（当時）の株価の遥か上に位置しているという主張です。

そしてもう一つは、竹中金融担当大臣（当時）率いる金融当局は大手銀行の破たんを望んではいないだろうという主張です。しかし同時に、市場はこうした点に対して、何らかの証拠が示されるまでは悲観的な見方を続けるだろうという見通しも併せて示しました。

つまり、最初の二つの点が合理的な予想で、最後の市場の見方が「市場の間違え方の予想」にあたります。結局、りそな銀行に対する公的資金注入により、株主が救済されたことが市場全体で認識され、財務体質が脆弱な銀行ほど株価が暴騰しました。

■デルタがすべて

① 株式市場の注目

第4章でクレジット・アナリストとエクイティ・アナリストの違いを説明した際に、前者は安全性、後者は収益性や成長性を重視すると述べました。もう一つ異なる見方をすれば、前者は「絶対的体力」を重視し、後者は「変化（率）」を重視するという見方もできます。そう、エクイティ・アナリストは変化率、つまり「デルタ」を重視するのです。

デルタの大きさが、株価のパフォーマンスに大きく影響します。なぜなら、現在の業績や事業の状況はほぼすべてが現在の株価に織り込まれているからです。容易に予想される今後の変化なども、株価に反映されていることでしょう。ですから、株価に影響するのは、市場がまだ認識していないデルタなのです。

② 株式を発行する会社も認識すべき点

私はあるメガバンクのトップマネジメントと面談したときに、「現在のメガバンク間の戦略、財務、競争力の差異は今後の株価に大きく影響するものではなく、むしろ、いまここからのデルタがすべてで、期待されていないほどデルタの威力は大きい」とアドバイスしたことがありました。

これはＩＲの文脈での話でしたが、一般的に会社はＩＲとは自分たちの優れたところを宣伝する場であると誤解している傾向があります。確かに、無名企業が資本家から出資を仰ぐ場合はそれも重要です。しかし、市場認知度が高ければ、その企業の優れた部分などはすでに認知されており、そうしたことを改めて聞かされても何のメリットもありません。

では、どうすれば効果的なＩＲができるかと言えば、自分たちが最もダメなところ、他社と比べて遅れているところなどを明確に示したうえで、そこからいかに改善するかの取り組みを開示することです。良い点ばかりのアピールに慣れている投資家は、欠点を明示されたことに新鮮な驚きをもちます。同時に、経営陣が自社の弱点をしっかりと認識できていることに好感をもちます。そして、その改善のための方策が示されることで、デルタの可能性を感じます。したがって、アナリストは、会社が説明する前の段階でデルタを感じ取る能力を磨くことが大切なのです。

③「いま、ある」より「いま、ない」もの

いま存在しているものの分析や評価については、アナリスト間の力量の差が出にくいところです。すでに存在しているものは、株価に織り込まれているということもあります。

したがって、デルタへの感度を上げるということは、「いま、ない」ものを掘り出すことです。新製品や新技術といった前向きなものもあるでしょう。しかし、こうした前向きなものほど、ほかのアナリストばかりでなく、常に投資家が凝視している部分です。一方で、他

社と比べて見劣りする部分の改善に対する取り組みなどは、地味さもあり看過されてしまう傾向がありますが、そこにチャンスがあると思います。

■武器を磨く

前章で、「得意分野をつくること」がアナリストとして生き残るうえで必要であると述べました。そこからレベルアップして「超一流」という視点に立っても、この点に関しては同じことが言えます。

最近、水泳の世界ではオールラウンドのスイマーが活躍していますが、アナリストとしての万能選手はそうはいません。それゆえ、得意分野の先鋭化を図ることが大切だと思います。

前にも述べましたが、私は相場観が鈍いようです。そのため、その欠陥を補うための特色をつくる努力をしました。アナリストになりたての2001年ごろは、その当時導入間もなかった金融商品会計（いわゆる時価会計）や税効果会計などの知見を武器に、それなりに注目していただくことができました。そして、赤字決算続きの中のバリュエーションの時代に入り、不良債権処理を合理的に反映したバリュエーションを開発して2003年に初めてトップになりました。その後は、銀行規制強化の時代に入り、銀行規制に精通しているとの評価をいただくこともできました。

こうしたことからご理解いただけるとおり、万能選手が超一流ということを示すとすれば、私はふさわしくありません。しかし、得意分野で頼りにしていただいたということで言えば、時代に合った得意分野でコア・コンピタンスを築いたという点は誇れます。

■左脳と右脳のバランスを意識する

「アナリストは理系が向いているのか、文系が向いているのか？」という質問を受けたことがありますが、出身学部はあまり関係ないと私は思います。多少の数学と統計学の知識さえあれば不足はありませんし、文系と理系はそれぞれ良さがあるからです。

これに似ていますが、アナリストは左脳と右脳のそれぞれをフル回転させることで良いリサーチができると思います。法的、定量的、戦略的な分析に関しては左脳、想像力と創造力に関しては右脳がそれぞれ分担するイメージです。このバランスが、高い評価を得るためには不可欠です。

例えば、アナリストが定量的な分析を行なう際には、想像力というスパイスが味を引き立ててくれます。左脳的な分析は無機的になりがちで、面白味がありません。そこに空想を働かせることがアクセントになります。回帰分析を例に挙げましょう。

いまや、単回帰から非線形重回帰に至るまで、表計算ソフトにより比較的容易に実行可能です。想像力を働かせることによって、ある商品の売上の変動がまったく想像もしていなかったような事象により説明できる場合もあります。もし、何らかの有意な関係を発見した場合には、それに対する「リーズニング（推論）」が重要になります。そのときには、なぜ独立変数が従属変数を説明することになるのか、直接ないしは間接的なロジックを組み立てることが大切です。

実例としては、アメリカ国債の利回りと日本の銀行株価の動きに高い相関性が見られた時期がありました。そのロジックとしては、アメリカ国債の利回りと日本国債の利回りの間に相関性があり、日本国債の利回りと銀行株のパフォーマンスには相関があること、そして銀行業績はイールドカーブ（利回り曲線）がスティープ化（長短金利差が拡大化）に伴う利ざやの拡大により改善する傾向が強いことなどを仮説とすることができます。

日米の国債利回りの相関性が高いことは、すでに第5章の「統計学」のところで述べたとおりですが、日本国債の利回りと銀行株価のパフォーマンスの間にも有意な相関性が存在していました。

残念ながら、国債利回りと銀行業績との相関性については統計的な有意性は見出せなかったのですが、投資家の間では「イールドカーブのスティープ化は銀行にメリット」という見方が定着しているので、先ほどの説明で十分に興味深い関係は論証できると思います。

この例ではあまり右脳的な要素は見出しにくいかもしれませんが、「風が吹くと（ある産業で生産量が上ると）桶屋が（部品を供給する金属部品加工業が）儲かる」などといった連想ゲームがリサーチの幅を広げることになります。

クォリティを高める四つのアナリスト・スキル

■アナリティカル・スキル

①　包括的財務比較

安全性・収益性・成長性を軸とする財務分析の基礎と、ＲＯＥの分析に有用なデュポン・システムについては第5章で述べましたが、ここではデュポン・システムをグローバル比較に用いた事例を紹介します。

外国人投資家の日本株における存在感の高まりにつれて、グローバル比較の中でなぜ日本株を買わなければならないかという点を訴えかける必要性が強まっています。単純なＲＯＥの比較では海外に軍配が上がってしまうケースが多いので、日本株をサポートするには、より精密な分析を行なう必要があります。

そこで、私は「デュポン・システム」と「シャープ・レシオ」を援用し、銀行のグローバル比較を行なうことで日本の銀行株の魅力を掘り下げることとしました。日米欧の主要銀行を対象とし、過去20年間の財務データを分析の材料として集めました。

分析手法としては、ＲＯＥについて、⑴財務レバレッジ、⑵効率性（経費率）、⑶粗利益ＲＯＡ、⑷不良債権損失率、⑸実効税率の積に分解し、時系列的に各地域の銀行の遷移状況を分析しました。ＲＯＥの高さが、高い財務レバレッジや一時的に低下した実効税率に起因す

図表36　グローバル3地域のROE比較（時価総額加重平均ベース：抜粋）

ROEの平均値

	1994〜1997年	1998〜2001年	2002〜2004年	2005〜2008年	2009〜2012年
日本	−4.8%	−10.6%	−11.7%	4.3%	9.8%
アメリカ	18.5%	15.1%	15.8%	11.3%	9.4%
ヨーロッパ	10.8%	14.7%	12.2%	12.1%	4.7%

ROEの標準偏差

	1994〜1997年	1998〜2001年	2002〜2004年	2005〜2008年	2009〜2012年
日本	5.4%	14.5%	30.5%	10.7%	1.1%
アメリカ	3.4%	4.1%	1.6%	6.4%	0.8%
ヨーロッパ	2.0%	3.5%	3.6%	5.3%	3.4%

ROEのシャープ・レシオ

	1994〜1997年	1998〜2001年	2002〜2004年	2005〜2008年	2009〜2012年
日本	−0.9	−0.7	−0.4	0.4	8.9
アメリカ	5.4	3.7	9.9	1.8	11.8
ヨーロッパ	5.4	4.2	3.4	2.3	1.4

るのであれば、必ずしも質の高いROEとは言えません。その場合、より高い資本コストが要求されるべきであると考えることができます。

次に、ROEのパフォーマンスについて、リスク対リターンの観点から銀行別ならびに地域別の比較を行ないました。この評価に用いたのが、シャープ・レシオです。もともとシャープ・レシオはCAPMをベースとした考え方で、個別株式の超過収益率のリスク（標準偏差）に対するパフォーマンスを分析する指標ですが、財務分析に応用すれば業績の比較が容易になると考えたためです。具体的には期間別にROEの平均値と標準偏差を計測し、ROEを標準偏差で除したものをシャープ・レシオとして比較分析したものです。ご参考までに、図表36にグローバル3地域における銀行の時価総額加重平均ベースのROE比較を行なった結果を抜粋して示しておきます。

リーマン・ショック（2008年）前までは、不良債権処理に追われた日本の銀行がマイナスのROEとなる、あるいは極端に低水準でROEが推移を続ける一方、標準偏差も抜きん出て大きく、リスク対比でのROEのパフォーマンスはひどい状況だったことが確認できます。しかし、近年においては収益性の変動幅も低下したほか、ROEの絶対水準もほかの地域と比べて遜色ないレベルまで回復したことが検証できます。

② センシティビティ分析

マクロ計数により業績が大きく影響を受ける業界に関しては、感応度が株価の動向を大きく左右します。このため、常に「センシティビティ分析」のアップデートを行なう必要があります。また、市場が注目するテーマも変化するため、これに適応した分析対象の多様化を進めることも求められます。

簡単なセンシティビティ分析は、EPSやBPSなどのバリュエーション基礎計数が線形的に為替や金利などの外生変数の影響を受ける場合に有効です。「円ドルで1円の動きが営業利益を○○億円増減」などという報道がありますが、線形的な関係であればスプレッドシートを用いなくとも簡単に影響を計算することができます。しかし、マクロ環境の変化は、業績に影響し得る複数の外生変数に同時に作用するため、より包括的な分析が必要です。

その分析法の一例として、私が行なったセンシティビティ分析（次ページの図表37参照）を取り上げます。ここで前提条件として扱っているのは、外的要因（マクロ要因）としては金利、

図表37　センシティビティ分析の一例

現状の安定的収益力に基づく公正価値

基礎係数

	みずほ	MUFG	三井住友	りそな	SMTH	新生	あおぞら	千葉
基礎税引前利益	522.6	979.8	738.0	236.2	229.9	72.4	22.7	63.9
与信コスト10bpv	62.2	84.9	62.7	26.3	20.6	5.2	3.1	7.1
短期金利10bpv	16.2	34.5	13.8	12.5	7.5	3.3	1.0	1.0
長期金利10bpv	16.2	22.3	14.6	6.7	5.8	0.3	0.0	0.8
繰延税金資産評価性引当	1,295.3	740.0	859.2	992.0	98.0	244.0	153.0	4.0
(課税所得ベース)	3,190.4	1,822.7	2,116.3	2,443.3	241.4	601.0	376.8	9.8
総希薄化後株式数	23,337.6	14,153.3	1,397.0	3,646.1	4,153.3	2,653.9	1,959.7	893.7

実効税率別シナリオ　35%

	みずほ	MUFG	三井住友	りそな	SMTH	新生	あおぞら	千葉
基礎EPS	14.6	45.0	343.4	42.1	36.0	17.7	7.5	46.5
(12倍株価換算)	174.7	540.0	4,120.8	505.3	431.8	212.9	90.4	557.5
与信コスト10bpv EPS	1.7	3.9	29.2	4.7	3.2	1.3	1.0	5.2
(12倍株価換算)	20.8	46.8	350.1	56.2	38.7	15.2	12.2	62.2
短期金利10bpv EPS	0.5	1.6	6.4	2.2	1.2	0.8	0.3	0.7
(12倍株価換算)	5.4	19.0	77.2	26.6	14.1	9.7	3.8	8.7
長期金利10bpv EPS	0.5	1.0	6.8	1.2	0.9	0.1	0.0	0.6
(12倍株価換算)	5.4	12.3	81.7	14.3	10.9	0.8	0.1	6.6

取り崩し可能評価性引当試算	647.7	370.0	429.6	269.0	49.0	122.0	153.0	2.0
12年間の平均実効税率	29.7%	36.9%	35.1%	30.5%	38.2%	26.0%	−16.2%	39.7%

評価性引当を勘案したEPS

	みずほ	MUFG	三井住友	りそな	SMTH	新生	あおぞら	千葉
基礎EPS	15.7	43.7	342.6	45.0	34.2	20.2	13.5	43.1
(12倍株価換算)	189.0	524.6	4,111.3	540.3	410.4	242.5	161.5	516.9
(Relative to current)	46.5%	34.5%	63.4%	41.8%	41.5%	160.8%	−11.8%	−6.5%
与信コスト10bpv EPS	1.7	3.8	29.1	4.7	3.1	1.3	1.0	4.8
(12倍株価換算)	20.8	45.4	349.3	56.2	36.8	15.2	12.2	57.7
短期金利10bpv EPS	0.5	1.5	6.4	2.2	1.1	0.8	0.3	0.7

内的要因としては与信コスト（不良債権損失を貸出残高で除したもの）です。各要因の税引前利益への影響と、これに応じたEPSへの影響の換算を行なっています。また、この分析を行なった際のPERの目途が12倍であったため、EPSへの影響も12倍の数値を示しています。このスプレッドシートのメリットは、株価の10BP（テン・ベーシスポイント）分析が簡単にできることです。投資家は、与件となる計数を自らの予想に基づき変化させたときの株価への影響を電卓でも瞬時に弾くことができます。

なお、図表37中に繰延税金資産に係る評価性引当金の額が表示されています。これは、繰延税金資産としてバランスシートに計上できていない税効果で、将来的な収益力回復の過程で資産計上が可能となるものです。資産計上が叶えば実効税率を押し下げる効果がありますので、無視はできません。とはいえ、永続的な実効税率引き下げの効果がないのも事実です。そこで私は、資産計上が可能な金額を収益力から算定し、向こう12年間の平均的な実効税率を計算しました。これはPER12倍が示唆するマーケットの目線が12年程度の利益を投資目途としていることを暗示しているためです。ちなみに、評価性引当金の資産計上額の試算に関しては後ろの【タックスプラニングと業績モデル】で説明します。

こうした期間収益のセンシティビティ分析が、各業界共通のものであると思われますが、業界によっては株主資本、あるいはBPSの感応度を重視する場合もあります。証券を除く金融株などが、まさにこれに該当します。このため、株価や金利などの金融市場の価格変動が保有有価証券の評価損益を通して株主資本に与える影響を基本とした分析を行ないました。これに加えて、金融資産以外で資産計上されている項目についても「ストレス」をかける分析も組み込みました。そのストレスは、貸出の劣化、（収益力低下による）繰延税金資産のヘアカット（担保を評価する際に差し引く割合）のリスクです。有価証券評価損が株主資本に及ぼす影響は、実効税率の分だけ控除して勘案しなければならないのですが、繰延税金資産の計上可能額によっては実効税率の控除ができなくなるため、算定は単純にはいきません。

つまり、ここで強調したいのは、センシティビティ分析を行なう場合は、マクロ計数が営業活動に及ぼす影響ばかりでなく、税務上、会計上の影響なども包括的にケアする必要があるということです。

③ シナリオ分析

センシティビティ分析に類似したもので、「シナリオ分析」があります。シナリオ分析とは、あるシナリオ（ストーリー）のもと、複数の異なる条件に変化が生じた際に、収益などのアウトプットがどのように変化するかを分析する仮説検証の手法で、アナリスト・レポートにも頻繁に使われるのでアナリストやレポートをよく読まれる方にとっては馴染み深いものだと思います。

シナリオ分析には、定量的な方法論に加えて「イマジネーション」が求められます。オーソドックスかつ簡単なシナリオは、メインシナリオ、リスク（悲観）シナリオ、楽観シナリオの3パターンで、そして必要に応じてストレスシナリオ（不測の事態を想定したシナリオ）が加わります。ひとたび前提条件が決まってしまえば、後はセンシティビティ分析を駆使すれば良いわけですから、各シナリオにおける前提条件の設定がポイントとなります。

前提条件を検討するにあたっては、アナリストの現状認識力と発想力をフルに動員することで市場が認識していないリスクやリターンについても示すことができれば上出来です。また、リスクシナリオと楽観シナリオを、ある程度メインシナリオから距離を置いて設定することで、分析のメリハリをつけることも見せ方のポイントとなります。また、テーマ（時流）に合ったシミュレーションを提供することが大切で、シナリオの設定は市場の関心を斟酌したうえで行なうべきです。

次に、シナリオ別の投資判断の明示ですが、当然にして現在の投資判断は、メインシナリオが大前提になっていないと合理性が担保できません。問題は、リスクシナリオと楽観シナリオです。それぞれメイン以外のシナリオに遷移した場合の投資戦略についても明示が求められます。

最後に事後の作法についても補足したいと思います。シナリオ分析を完成させ、レポート発行に漕ぎ着けた後は、シナリオ分析を行なったスプレッドシートを投資家が使えるようにすべきであると思います。これには、事前のコンプライアンスなどの手続きが必要であるとは思いますが、技術や知見を死蔵して無駄にしてしまうのではなく、積極的に分析ツールの普及に努めることが大切だと思います。

④　業績予想のためのデータ解析と業績モデル

担当企業の収益予想を行なう場合、直接業績モデルを立ち上げる場合もありますが、予想のための材料を丹念に分析しておくことがレベルの高いモデル構築につながります。そこで、業績予想モデルのためのデータ解析から話を始めます。データ解析のポイントは、「シクリカリティ（景気連動性）」「マクロ計数が変化したときにおける業績への影響の速度」「業績への影響度が大きい固有要因」、そして「タックスプラニング」です。

第一に、「シクリカリティ」です。業界によっては景気変動、在庫循環、商品投入サイクルなど、ある程度の規則性をもった業績変動があります。しかし、これも景気変動の波動（キチン対ジュグラーなど）の波の干渉や技術革新、市場の喪失などによりサイクルが微妙に変化する場合があります。そのため、シクリカリティについて足元までの環境を対象としたデータ解析を行なうと、業績予想の信頼性への説得力が厚みを増します。

第二に、「マクロ計数が変化したときにお

貸出金の金利更改ラダー（06年3月末、10億円）

	みずほ	MUFG	三井住友	りそな
1年以下	53,821.8	42,721.6	47,211.9	15,251.4
1年超3年以下	2,778.1	4,624.5	1,602.3	818.8
3年超5年以下	2,759.7	3,924.7	1,475.2	817.5
5年超7年以下	1,102.4	1,798.8	516.5	488.1
7年超	6,461.0	10,908.5	1,051.6	7,195.0
期間の定めのないもの	—	—	—	1,661.2
Duration (over 1 year maturity)	5.72	5.79	4.44	7.02

定期預金（固定のみ）の残存期間別残高（06年3月末、10億円）

	みずほ	MUFG	三井住友	りそな
3か月未満	7,195.7	8,846.3	5,336.4	2,800.0
3か月以上6か月未満	3,862.0	5,612.6	2,786.0	1,704.2
6か月以上1年未満	5,236.2	7,911.9	4,740.2	3,085.4
1年以上2年未満	1,061.0	4,231.8	1,400.1	1,663.1
2年以上3年未満	760.8	3,875.9	1,320.7	1,368.5
3年以上	512.5	3,004.0	1,303.7	1,205.9
合計	18,628.2	33,482.5	16,887.2	11,827.1
	みずほ	MUFG	三井住友	りそな
1年以下	9,531.7	9,383.9	4,267.4	1,745.8
1年超5年以下	8,208.2	11,097.7	3,440.5	511.8
5年超10年以下	2,505.7	1,538.7	2,125.9	367.2
10年超	1,519.8	1,667.3	2,505.6	609.5
Duration (over 1 year maturity)	3.94	3.49	4.53	4.67
1年超かつ満期保有	11,214.70	11,330.80	6,964.99	1,340.05

図表38 浸透速度分析の一例

国内貸出金にかかる貸出金利体系と金利引上げの状況（07年3月期データをベース、10億円）

		金利更改デュレーション	ベンチマーク*	感応度の与件	みずほ	MUFG	三井住友	りそな
1	法人プライム系	4	O/N Call	80%	10,459.7	12,868.4	10,511.9	6,977.5
2	法人スプレッド系	3	3MTIBOR	80%	34,367.5	28,310.6	19,948.4	7,752.8
3	法人固定	40		0%	4,980.8	10,294.8	4,232.5	775.3
4	個人プライム系	6	O/N Call	100%	5,019.8	5,039.8	6,991.8	5,530.7
5	個人固定	80		0%	6,135.3	11,759.6	6,505.9	5,530.7
6	スワップネット受け	30	Swap	100%	10,682.8	8,027.0	5,888.0	1,479.2
7	満期保有目的有価証券	60	JGB	0%	1,019.0	2,972.9	1,107.0	148.5
8	債券（1年超&満保以外）	48	JGB	0%	11,214.7	11,330.8	6,965.0	1,340.0
9	無利息運用（含む株式）	3	3MTIBOR	0%	7,234.1	10,171.8	5,815.1	1,590.4
10	流動性預金	0	O/N Call	40%	38,792.8	61,433.5	43,981.7	19,161.6
11	固定性預金	4	Both	50%	36,561.7	36,533.5	24,654.7	11,186.3
12	うち1年超	27	Depends	0%	2,179.8	10,855.6	4,022.8	3,467.6
13	劣後債務	80	Swap	0%	2,862.3	4,538.3	2,743.3	823.1
14	金融債	30	Swap	0%	4,723.8	0.0	0.0	0.0
15	銀行社債	60	Swap	0%	371.2	3,220.1	909.7	262.7
16	無利息調達	NA	NA	0%	7,225.3	11,328.9	6,014.9	2,320.9
17	資金尻	3	3MTIBOR	100%	−10,106.3	−24,305.6	−16,226.6	−4,108.7
18	政策金利連動							
19	収益増加							
20	3か月後				523.0	643.4	525.6	348.9
21	6か月後				2,858.9	3,422.6	3,035.4	2,089.0
22	9か月後				6,205.8	7,256.3	6,885.8	4,867.2
23	12か月後				9,552.7	11,089.9	10,736.1	7,645.3
24	フル反映年間ベース				13,387.5	15,334.6	15,401.3	11,112.7
25	コスト増加							
26	3か月後				−4,309.1	−6,464.3	−4,656.1	−2,012.6
27	6か月後				−8,761.4	−13,035.6	−9,398.1	−4,057.5
28	9か月後				−13,500.2	−19,820.9	−14,312.1	−6,166.6
29	12か月後				−18,239.0	−26,606.2	−19,226.0	−8,275.7
30	フル反映年間ベース				−22,393.5	−29,709.0	−21,719.1	−9,208.4
31	ネット収益増加							
32	3か月後				−3,786.1	−5,820.9	−4,130.5	−1,663.8
33	6か月後				−5,902.5	−9,613.0	−6,362.7	−1,968.5
34	9か月後				−7,294.4	−12,564.7	−7,426.3	−1,299.4
35	12か月後				−8,686.4	−15,516.3	−8,489.9	−630.4
36	フル反映年間ベース				−9,006.0	−14,374.4	−6,317.7	1,904.3
37	市場金利連動							
38	収益増加							

ける業績への影響の速度」です。可変要素が多い中で、時間軸を詳細に考えた分析は簡単ではないのですが、それだけに付加価値もあります。私が浸透速度分析を行なった事例を、ご参考までに図表38（248～249ページ）に示しておきます。この事例では、金利が変化した場合に、銀行の資産（貸出・債券）および負債（預金など）に与える影響は種類によって大きく異なりますので、金利の見直し時期に応じた収益への影響を試算しました。

第三に、「業績への影響が大きい固有要因」です。私が担当していた銀行業界は長い間、不良債権処理が銀行収益に影響していたので、この見積もりが銀行の最終利益を決めていたと言っても過言ではありません。図表39は、過去の不良債権発生を要因分析したうえで、将来的な銀行の与信コストを予想しようと試みた事例です。こちらも、先ほどの浸透速度分析と同様に、金融に馴染みの薄い方はわかりにくいと思いますが、いかにデータ解析に苦労していたかの雰囲気だけでも感じてください。

最後に、「タックスプラニング」です。繰延税金資産の資産不計上部分が収益力の回復などにより資産計上が可能になるプロセスは、すでに第5章の「財務分析」の中で説明しました。繰延税金資産の取り扱いにより実効税率に大きな差が出てくるので、最終利益はこの効果をどう見積もるかで大きく変動してしまいます。「会計上の問題であり、キャッシュフローには中立だ」と言う人もいますが、果たしてそうでしょうか？

課税所得が計上できれば、過去の税務上の繰越欠損が活かせるため、明らかにキャッシュフローに影響します。ですから、税務上の繰越欠損金の有効期限と課税所得の見積もりは、実はかなり重要です。私の知る限りにおいては、この分野に関してかなりラフな前提を置い

図表39 与信コストの発生要因分析の一例

	①自然死・自然劣化	②過剰引当の戻入	③産業構造変化による大口破綻	④バブル型倒産	⑤不況型倒産	合計
	銀行業を営んでいくうえで必ず発生する損失（30bps）	左記①を下回る与信コストの部分	負債総額の90%信頼区間でのアウトライヤー（④を除く）	98年一斉検査前の巡航速度以上でかつ不況型以外	一斉検査前はバブル型以外、以降は正常化フェーズ（2005年）に準ずる	
93/3	1,549.4	0.0	0.0	40.7	90.4	1,680.5
94/3	1,539.6	0.0	0.0	1,049.7	1,589.8	4,179.0
95/3	1,540.1	0.0	0.0	1,661.4	1,589.8	4,791.3
96/3	1,559.5	0.0	0.0	5,314.4	1,589.8	8,463.6
97/3	1,593.2	0.0	0.0	2,776.6	1,589.8	5,959.5
98/3	1,575.0	0.0	4,836.1	5,257.5	1,589.8	13,258.3
99/3	1,517.2	0.0	5,072.8	5,451.2	1,589.8	13,630.9
00/3	1,499.1	0.0	3,855.2	0.0	1,589.8	6,944.1
01/3	1,578.5	0.0	2,939.3	0.0	1,589.8	6,107.6
02/3	1,553.4	0.0	6,578.9	0.0	1,589.8	9,722.1
03/3	1,512.7	0.0	3,556.0	0.0	1,589.8	6,658.4
04/3	1,289.9	0.0	4,084.3	0.0	1,589.8	6,964.0
05/3	1,257.7	0.0	0.0	0.0	1,589.8	2,847.5
06/3	1,440.6	−1,350.6	0.0	0.0	0.0	90.0
07/3	1,418.0	−1,408.0	0.0	0.0	0.0	10.0
08/3	1,444.9	−321.1	0.0	0.0	0.0	1,123.8
合計	23,868.8	−3,079.7	30,922.6	21,551.4	19,167.5	92,430.6

構成比	26%	NA	30%	23%	21%	100%

*過剰引当の戻しは大口向けのコストからの控除項目として構成比を試算。

年間平均与信コスト	0.300%	NA	0.363%	0.281%	0.250%	1.204%
年間最大与信コスト	0.300%	NA	1.371%	1.136%	0.331%	2.840%
年間最小与信コスト	0.300%	NA	0.000%	0.000%	0.000%	0.002%
	(a)	(b)	(c)	(d)	(e)	

巡航速度	0.300%	(a)のみ
不況深刻化	0.550%	(a) + (e)
最大ストレス	1.920%	(a) + (e) + Max (c)

ている人が多い印象です。したがって、ここは少し紙面を割いて解説しておきたいと思います。

【タックスプラニングと業績モデル】

次ページの図表40にタックスプラニングの概念図を示しておきます。考え方のポイントは、「会計上の取り扱い」と「税法上の取り扱い」です。

会計上の取り扱いの根拠は、従来は日本公認会計士協会の監査委員会報告という位置づけでしたが、２０１５年からは企業会計基準適用指針第26号「繰延税金資産の回収可能性に関する適用指針」として正式に企業会計基準の指針として認められたものです。これに基づき、収益状況や繰延税金資産の多寡などから企業を五つの分類に区分し、その区分に応じて資産計上可能な繰延税金資産の金額を査定しました。判断の裏づけとなるのが「繰延税金資産の回収可能性」です。繰延税金資産は、「税務上の繰越欠損」と「所得からの減算一時差異」の二つの性格が異なるものに大別されます。前者については課税所得が赤字になったことに起因する欠損金で、これに基づいて将来の課税所得で活用可能かどうかの判断が行なわれます。後者は有価証券等の債権の引当・償却に伴う損失で税務上所得から控除できない減算一時差異で、将来的に債権の処分などにより税務上の損失が確定できるかどうかが判断のポイントとなります。

この回収可能性の判断を行なう際は、収益見通しや資産処分の計画などをもとにしますが、この作業を「スケジューリング」と言います。このスケジューリングの結果、資産計上が見送られた部分がオフバランス項目となる「評価性引当金」となるわけです。

将来の実効税率を低下させるような評価性引当金の存在感がある会社は、図表40に示した五つの分類の上から三つ目以下です。一番目と二番目に区分されるような会社は、そもそも

図表40　タックスプラニングの概念図

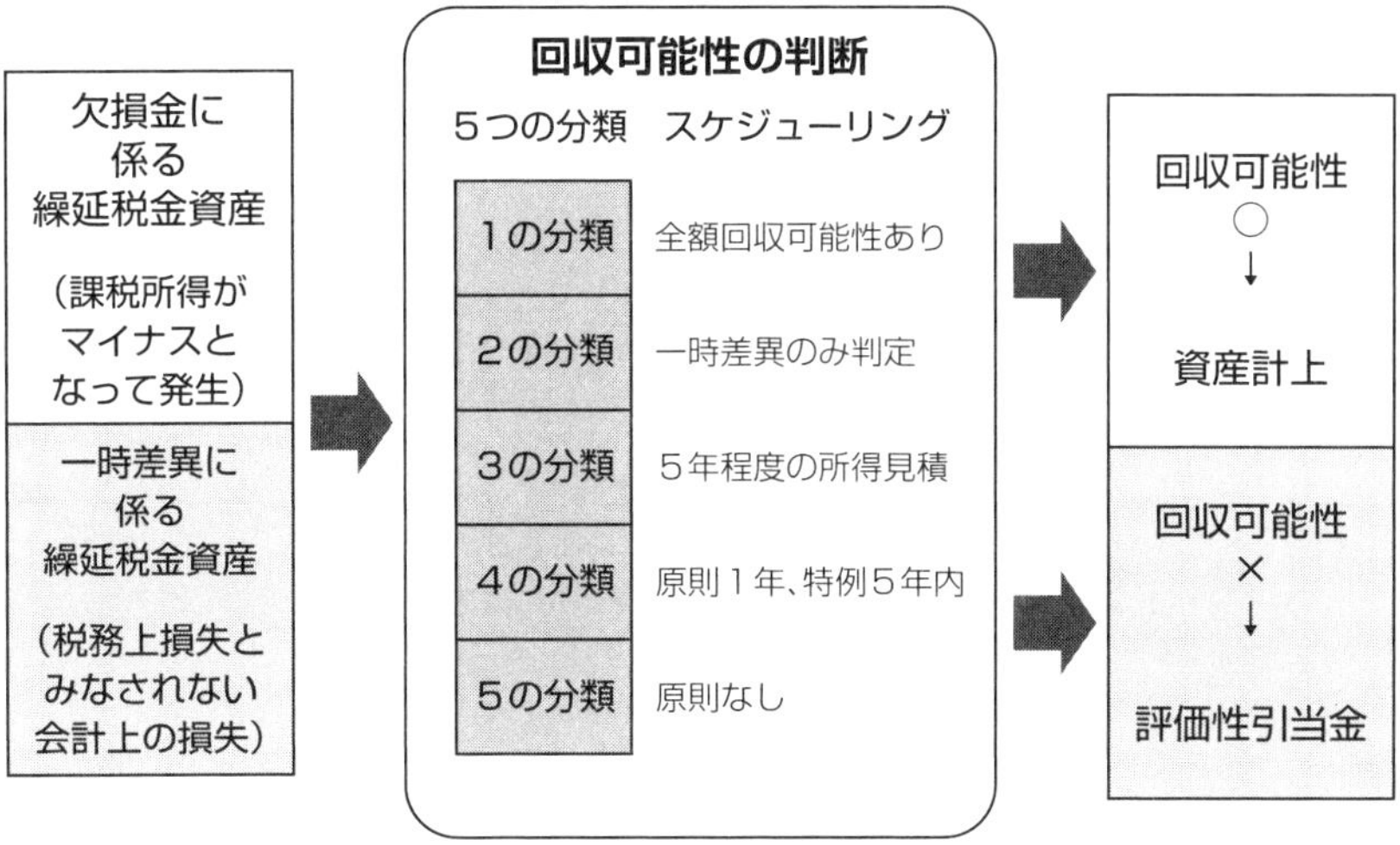

収益力の欠如による評価性引当金などはありません。どの程度の期間の所得（収益）が判断の根拠となるかは、同図表をご覧ください。

もう一つの考え方のポイントは税法上の取り扱いですが、現在はまだ法人税法改正が施行されて間もない状況です。欠損金の繰り延べが9年間から10年間に延長される一方で、当年度の課税所得からの欠損金の控除は２０１７年４月からは50％までとなっています。税法上の取り扱いにおいて留意すべき点として、会計上の利益には重視すべき影響はありませんが、キャッシュフロー分析を行なう場合には税法上の見直しをよく理解しておく必要性が挙げられます。

さて、このような苦労を経て構築する業績モデルについてですが、最後にいくつかアドバイスをしておきたいと思います。

一つ目は、実績をアップデートしやすくしておくことです。実績が出てからモデルの見直しを行ないますが、そのときに最初からモデルを編成し直すのは大変です。アップデートすべき箇所を明示（色分けなど）しておくと効率性を高めることができます。

二つ目として、前提条件の可変要因を変更しやすくしておくことです。そうすれば、業績モデルの柔軟性を確保でき、投資家がモデルを所望した場合に、前提条件のどこが可変要因でどのように条件を入れ替えれば良いかが把握しやすくなります。これにより、アナリスト以外のユーザーの使い勝手が格段に良くなります。

三つ目として、モデルの提供はユーザーフレンドリーを心がけることです。すでに述べた二つのポイントもこの点を強く意識したものです。第3章で述べたような日本語と英語の言語切り替え機能、計算ロジックのわかりやすさ、適宜解説を加えることなどが守るべきポイントです。その際に、計算式をつぶすようなことはしないほうが良いと思います。

■バリュエーション・スキル

① 株価上昇・下落を続ける中でのビュー提示

投資判断にあたってアナリストが苦労する局面の一つが、株価が一方向に走り続けるときです。相場の勢いが強い場合は上昇を続け、センチメント（市場参加者のマーケットに対する強気や弱気などの市場心理）が極度に悪化した場合は底なし沼のごとく下落を続けます。急激な株価上昇の際には、アナリストが設定したターゲットプライスを軽く突き抜け、株価が目標を達成したのに投資家の気持ちはまだ強気です。そんな状況では、アナリストはターゲットプライスを上方に見直すか、あるいは目標達成を理由に「買い」から「売り」に変更するかの決断を迫られます。下落方向に株価が突き進む場合も、逆も可なりです。
ただし多くの場合、市場のセンチメントが強ければ強いほど、アナリストは「降りる」、つまり投資判断を引き下げるのに躊躇する傾向が強いように思えます。そうなると、「株価連動型ターゲットプライス」と揶揄されるような、アナリストとしては、いたたまれない状況に陥ります。しかし、もっと困っているのは投資家です。「もうはまだなり、まだはもうなり」という相場格言は承知しているものの、どこで降りればいいのか、道標を失ってしまいます。

　そこで私が提案したのは、「株価サイクルの中における株価適正レンジの体系」です。これを最初にレポートで提案したのは、小泉郵政改革の時代に株価が一方的な上昇を続けた局面であったと記憶しています。

　株価適正レンジの考え方の前提としては、株価形成の要素である企業の業績と資本コスト（期待収益率）のうち資本コストが市場センチメントの

図表41　株価サイクルの中における株価適正レンジの体系

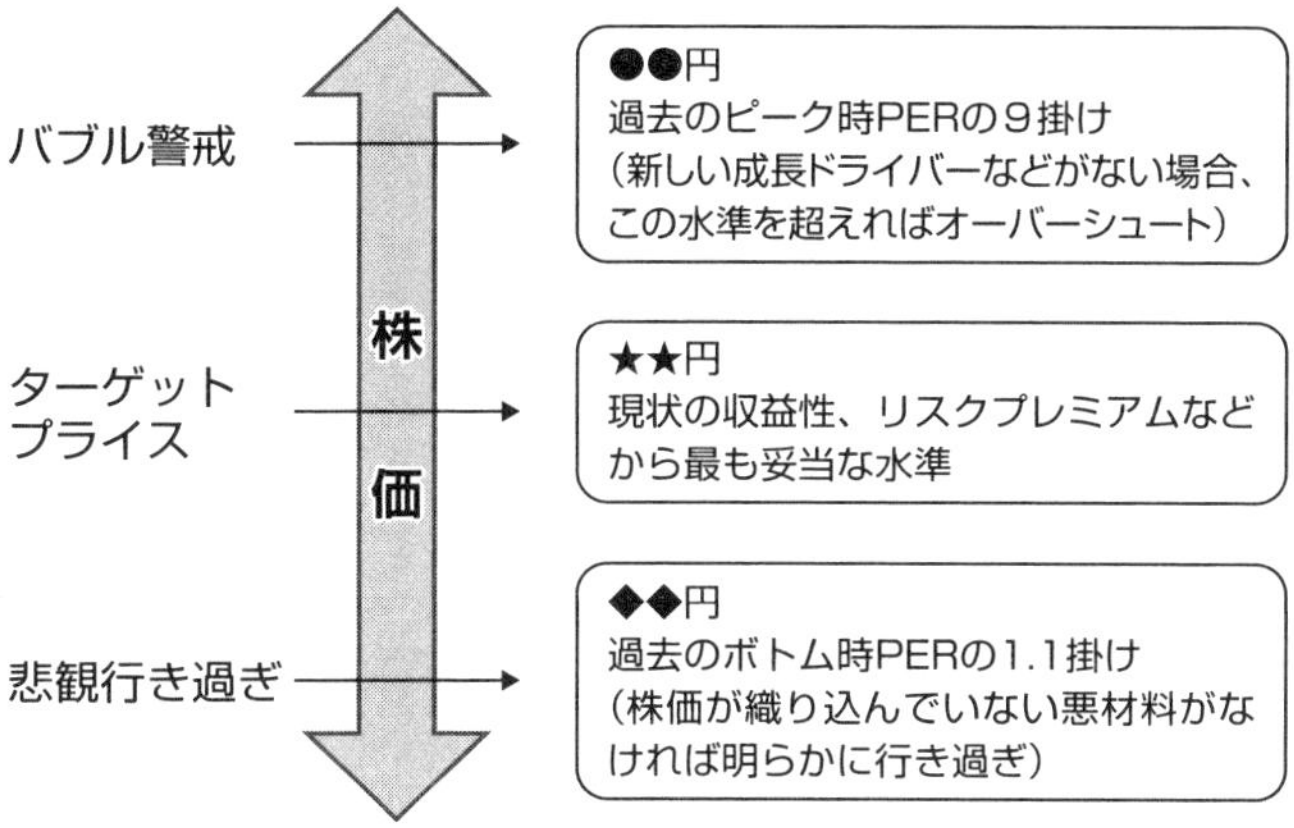

影響を受けやすいということです。センチメントが強ければマーケットリスクプレミアムは低下しますし、その反対も真なりです。ですから、株価は市場センチメントのシクリカリティの中で動くため、長期安定的な株価の公正価値（フェアバリュー）は存在しないということです。

この体系では、そのときのＥＰＳや適切な資本コストの前提により算出されるターゲットプライスがレンジの中心に来ますが、センチメントが過度に強い、あるいは過度に弱い場合の資本コスト（またはＰＥＲ）の目途を算定して、妥当性のある株価レンジを導きます。その事例を前ページの図表41に示しておきます。レンジの中央がターゲットプライス、上限がバブル警戒、下限が悲観行き過ぎとあります。上限に関しては過去のＰＥＲピークの90％、下限は過去のＰＥＲボトムの１１０％をこの例では目途として置いています。

ある意味で、業績見通しの修正によるＥＰＳ変更や会社固有の理由によるリスクプレミアムの変化による適正資本コストの見直しがない限りは、このレンジを外れたレベルへのターゲットプライス変更はないという暗示も含まれています。ここまでしっかりとした枠組みを投資家に示せれば、市場の動きにつられてターゲットプライスを過度に見直すことに起因する投資家の不安感や不信感は取り除くことができます。

② 業績変動が大きい中のＥＰＳ評価

アナリスト泣かせの状況は何も株価変動の大きい場合だけではなく、業績変動が大きい場合もそうです。一過性と思われる利益計上や損失負担などがＥＰＳに少なからず影響を与えるケースがあります。しかも、それが1期間だけではなく、複数年度において異なった一時的な損益が発生する場合は、バリュエーションの取り扱いが難しくなります。私も金融危機のときは、銀行の業績がマイナス方向に振れ、危機が終わると引当金戻入益でプラス方向に振れるなどの洗礼を受けました。

こうした状況で重要なのは、一過性の強い要因を精査すること、そしてその要因を調整したうえで適切な利益水準をバリュエーションに反映することです。

特別損益に計上されるような目立った特殊要因は判別がつきやすいのですが、目立たない細かな要因もあるので「クリーン」な利益を見出すのには骨が折れます。その目立たない細かな要因については、財務諸表の注記や説明会資料などを丹念に見ながら必要に応じて取材をする必要があります。また、すでに述べたような実効税率の要因も同時に考慮しなければなりません。

過去の特殊要因を控除し、実効税率を平準化した利益水準を「正常化利益」として、各期間損益の正常化利益の遷移状況を調べます。私が銀行業績について行なった事例に関しては、第5章の「証券分析」の図表32「各銀行の正常な利益水準の算定例（抜粋）」を参照してください。この分析の結果、安定的な正常化利益の遷移状況が把握できれば、それが安定的なEPSの基礎データとなります。一方で、正常化利益が一定割合での成長を示せば、その成長率をEPS成長率に転用することも可能となります。

なお、ある程度安定的なEPSの水準が算定できた場合は、そのデータを用いて「何がどれだけ市場によって織り込まれているか」というバリュエーション評価も可能です。この点については、後述する「アウトプット・スキル」のところで紹介します。

③ 資本コストの考察

・資本コストの重要性

株式の資本コスト（期待収益率）こそがバリュエーションの基本であり、この水準について妥当性の高い分析を行なわずして適切なバリュエーションを行なうことはできません。しかし、資本コストのレベルは市場センチメントによって大幅にバラツキが出ることはすでに本項①の「株価上昇・下落を続ける中でのビュー提示」で説明しました。そこで、求められるのは資本コストについての深い洞察です。

多くのアナリストは、CAPMによる資本コストの算定を行ないますが、ヒストリカルベータ（β）の信頼性ははっきり申し上げて高くないと思います。それゆえ、情報プロバイダーから容易に取得できるヒストリカルベータや、現時点でのインプライドベータなどに依存したバリュエーションは説得力を失いかねないと私は考えます。なお、ヒストリカルベータが過去の（原資産の）継続的な価格変動をもとに算出されるのに対して、インプライドベータは市場で取引されているオプション価格から算出されます。資本コストの分析は非常に重要なので、ここで紙幅を割いて私が行なった分析について詳しく解説します。

・資本コストのモデル化

私が用いたのは、資本コストの構成要因を細分化できる「マルチファクターモデル」です。

代表的な理論は、スティーブ・ロスの「アービトラージ・プライシング理論（APT）」です。考え方とAPTからの応用法は、図表42、43のとおりです。

「業界要因」とは、銀行銘柄共通のリスクプレミアムで、銀行業固有のリスクプレミアムです。これには銀行が存続するための基本的かつ最低限の規制（全銀行共通の自己資本比率規制など）に起因するものも含まれます。「規制要因」とは、その銘柄特有の規制関係のリスクプレミアムです。リーマン・ショック以降は巨大銀行を中心に厳しい規制が課せられており、これが業績の足かせになる懸念も根強いため、

図表42　資本コストのモデル化の考え方

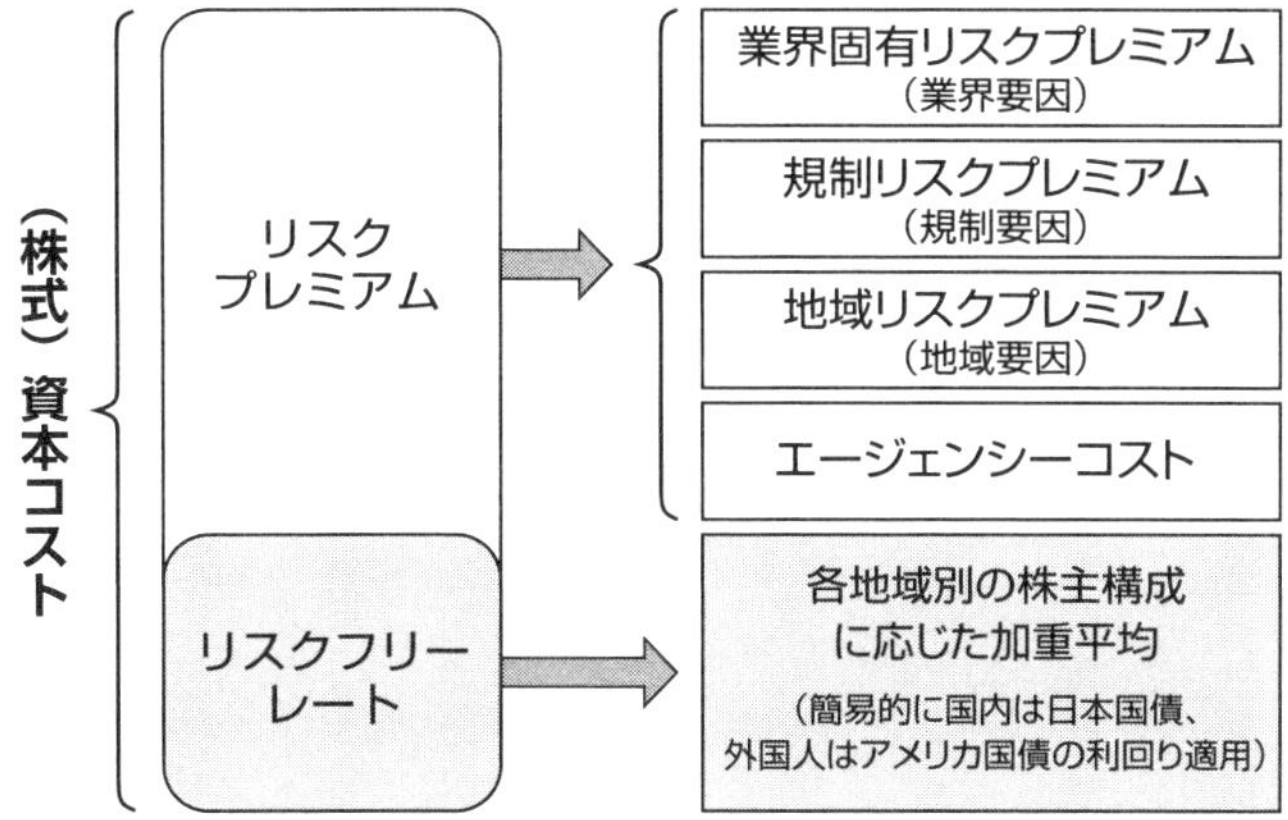

図表43　アービトラージ・プライシング理論（APT）からの応用

◇APTの一般式：$E(R_i) = R_f + \beta_1 RP_1 + \beta_2 RP_2 + \beta_3 RP_3 + \cdots + \beta_n RP_n$

※$E(R_i)$はi株の資本コスト（期待収益率）、R_fはリスクフリーレート、β_nはn番目の係数、RP_nはn番目のリスクプレミアム

◇銀行株分析の応用式：$R_i = R_f$＋業界要因リスクプレミアム
＋規制要因リスクプレミアム
＋地域要因リスクプレミアム
＋エージェンシーコスト・リスクプレミアム

独立項目としました。「地域要因」とは、わが国における景気などのマクロ要因によるものです。そして、最後の「エージェンシーコスト」は、経営陣が株主の利益に沿わない経営行動を取ることによるリスクプレミアムなどを含みます。株主の利益に資するような株主還元を行なえば、このリスクプレミアムは低下するでしょうし、逆に非効率なM&Aなどのように資本の無駄遣いをすればリスクプレミアムが上昇するものと思われます。

・リスクフリーレート

リスクフリーレートの詳細な分析も私のモデルの特徴です。リスクフリーレートは、いわば投資家にとっての最低限の機会コストです。リスクを取らなければ、リスクフリーレートでの運用が可能となるわけです。これをしっかり理解すれば、投資家の所在地により金利環境は異なりますから、投資家によって投資判断に用いられるリスクフリーレートは当然異なるはずです。

図表44において、ω_Fは外国人株主構成比、R_f^Fは海外のリスクフリーレート、ω_Jは国内株主構成比、R_f^Jは日本のリスクフリーレートをそれぞれ示します。つまり、リスクフリーレートの加重平均です。なお、私が行なった分析では、外国人株主はアメリカの金利に影響されると仮定しました。

図表44　リスクフリーレートの推定方法

◇$R_f = \omega_F R_f^F + \omega_J R_f^J$

※ω_Fは外国人株主比率で、ω_Jは日本国内の株主比率

それぞれの係数の後方は海外と日本の各リスクフリーレート

・資本コスト構成要因の推計

資本コストの構成要因を分析するために、次の手順を踏みました。

(1) 株主構成に応じたリスクフリーレートの推計
(2) 資本コストの算定（基本的にPERの逆数を資本コストとする）
(3) 地域要因の算定（主要銀行データをもとに、地域要因を推計する）
(4) 規制要因の算定（メガバンクとその他の格差からグローバル規制要因を推計する）
(5) エージェンシーコストの算定（株主還元策から、この要因を推計する）
(6) 業界要因の算定（右記すべての要因を控除して、業界要因を特定する）

この結果は次ページ（上）の図表45にまとめてあります。この分析は２０１５年（株主構成は２０１4年3月末時点）に実施したため、現在の金利水準とは随分異なると思いますが、外国人株主のリスクフリーレートはアメリカ国債の利回り、日本人株主には日本国債の利回りを用いています。リスクフリーレートの加重平均だけを見ても、銀行間のバラツキがあることがわかると思います。

また、地域要因の特定は次ページ（下）の図表46のとおりです。各地域の代表的サンプルとして、金融安定理事会が「グローバル金融システムに重要性のある銀行」に指定された銀行をもとにしています。その方法としては、益利回りを資本コストとして各銀行のリスクプレミアム（益利回りから各国のリスクフリーレートを控除した利回り）を算定し、その平均値から

図表45　各銀行の資本コスト構成要因の分析結果

	外国人株主比率	国内株主比率	アメリカ国債10年	日本国債10年	加重平均リスクフリーレート
みずほ	22%	78%	2.3%	0.4%	0.84%
三菱UFJ	35%	65%	2.3%	0.4%	1.07%
三井住友	42%	58%	2.3%	0.4%	1.21%
りそな	47%	53%	2.3%	0.4%	1.30%
新生	57%	43%	2.3%	0.4%	1.49%
千葉	23%	77%	2.3%	0.4%	0.86%
横浜	38%	62%	2.3%	0.4%	1.13%

図表46　地域要因の特定

	地域要因の推計値（平均からの乖離）
日本	−4.40%
中国	−6.50%
フランス	4.00%
ドイツ	5.10%
イタリア	5.20%
スペイン	−0.60%
スイス	3.90%
イギリス	3.80%
アメリカ	−3.50%

の乖離状況を「地域要因」によるリスクプレミアムと想定したものです。

規制強化は収益力へ負の影響を与えるため、リスクプレミアムを上昇させます。日本の銀行に係る規制リスクプレミアムは、「預金取扱金融機関に共通するもの」「地域金融機関と比較して大手銀行に対する監督の重さに関係するもの」「国際基準行として国内基準対比で厳格な部分」「メガバンクのグローバル規制負荷」に分けて分析しました。次ページの図表47はメガバンク、メガバンク以外の大手銀行、地方銀行、りそなホールディングスの各リスクプレミアムの差の遷移を見たものです。この差が、規制の重さによるリスクプレミアムの差と、次の項目であるエージェンシーコストに係る部分を示します。

なお、図表47において上のグラフを数字にまとめたものが下の表です。メガバンクとそれ以外の差分については、リーマン・ショック以降グローバル規制強化が宣言された２００９

図表47　各銀行のリスクプレミアムの差の遷移

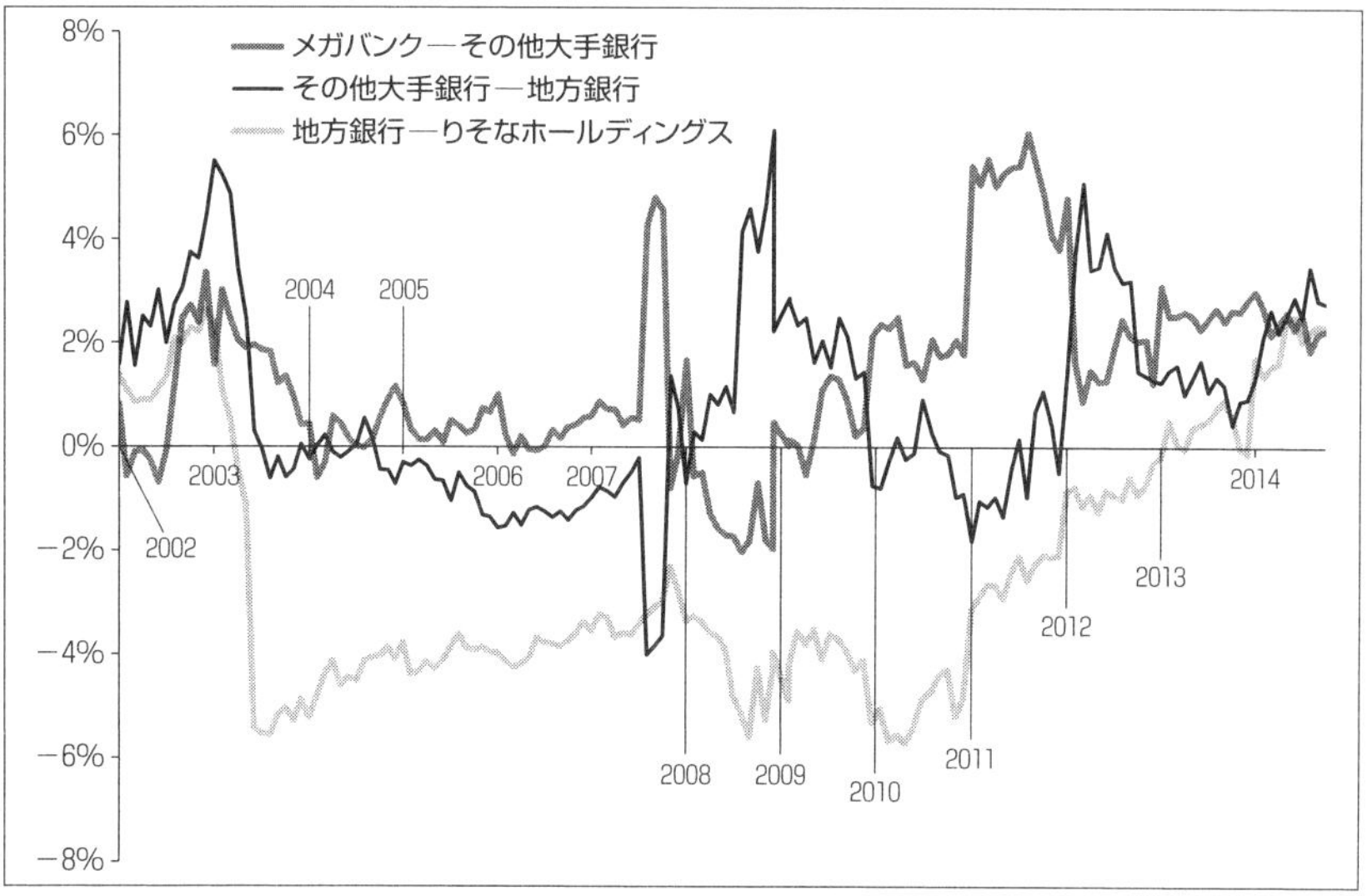

	金融危機後からリーマン・ショックまで(04/3〜08/9平均)	リーマン・ショック以降のグローバル規制の時代(08/10〜14/12平均)	
メガバンク―その他大手銀行	0.41%	2.13%	グローバル規制のリスクプレミアム
その他大手銀行―地方銀行	−0.67%	1.52%	主要銀行の規制リスクプレミアム
地方銀行―りそなホールディングス	3.81%	1.99%	エージェンシーコスト

年4月のG20ロンドンサミットを起点として拡大基調が続いているのがわかります。

この結果、メガバンクが対象となるグローバル金融規制に係るリスクプレミアムは2%強、国内大手銀行の規制負担は、その他大手銀行と地方銀行との格差の1・5%程度となりました。これらを合計し、メガバンクに係る規制要因のリスクプレミアムは合計で3・5%程度と推定できます。

続いて、エージェン

シーコスト（株主と経営者との利益相反により発生するコスト）の算定では、「りそなはエージェンシーコストが低い」という大胆な仮説を設けました。その理由には、無駄遣いするような資本の余裕がなかったこと、資本政策についての説明が明確であるという市場の評価を得ていたことなどが挙げられます。地銀とりそなの各リスクプレミアムの差分をエージェンシーコストとし、その資本コストへの影響を2％程度と推定しました。

以上により、業界要因以外のリスクプレミアムの分析が完了しました。資本コストは、PERの逆数である益利回り（この分析を行なったときのメガバンクの平均は11％）から推定できますので、後は資本コストの算定の未知数である業界要因について解けばいいわけです。これにより、図表48のような解析結果が得られました。

図表48　資本コストの要因分析結果

◇R＝11％＝R_f(1％)
＋業界要因（0.5％）
＋規制要因（3.5％）
＋地域要因（4％）
＋エージェンシーコスト（2％）

この資本コストのモデルの使い方は簡単で、それぞれのリスクプレミアムの要因が増える方向か減る方向かを考えていけば良いのです。このモデルは「絶対的かつ安定的」な資本コストを獲得するものではありません。資本コストは市場の「風」で変わるので、絶対的かつ安定的なものなど、この世に存在しないことはすでに述べました。

このモデルの重要性は、各リスクプレミアムの方向性を集計することで、資本コストが増加する方向なのか減少する方向なのかを判断する材料にできることです。

■アウトプット・スキル

① クォリティコントロール

アナリスト・レポートは、アナリストの人生を左右しかねない生命線です。無名アナリストが話題性のあるレポートで彗星のごとく現れるかと思えば、多作のアナリストがレポート数に反比例して存在感を失う場合もあります。それゆえ、レポートの「クォリティコントロール」は大切です。

クォリティコントロールで第一に必要なことは、質の悪いレポート、平たく言えば、つまらないレポートを出さないことです。所属する証券会社の方針や調査部内の雰囲気などにより、ある程度のレポートの本数を要求される場合もありますが、レポートは発行することを目的化すべきではありません。ひとたび価値のないレポートを出してしまうと、「このアナリストのレポートは読む時間だけ無駄だ」と思われてしまう可能性が高まります。良いレポートを月1本でも出せるアナリストは、読む価値を認められないレポートを毎日のように出すアナリストよりも遥かに市場価値があります。

ただし、例外はあります。決算などのいわゆる「リテンションレポート」と言われるものは、出さなければ逆にそのアナリストの存在を消すことになります。では、決算などのリテンションレポートやイベントに対するレスポンスレポートの対応はどうしたら良いのでしょうか？

リテンションレポートなどの場合は、内容重視かスピード重視かの判断が重要です。全部

図表49　各アナリストのリテンションレポートやイベントに対するコメントのレベル

	平均アナリスト	一流アナリスト	超一流アナリスト
（特徴）	表面的・まとめ	影響についての洞察	深読み＆想像力
不祥事	短期的影響	業界全体影響	当社と業界のシナリオ分析
M＆A	プロコン、シナジー	収益影響	連想
規制強化・緩和	概要説明	影響度	次の規制影響
経営者交代	経歴紹介	経営手腕評価	戦略インプリケーション

が全部とは言えませんが、リテンションレポートなどは速報性が重要であると私は考えます。「決算分析は時間をかけてやってこそアナリスト」と主張するアナリストもいますし、そこは価値観の問題であると思います。しかし残念ながら、決算分析がいかに精緻に行なわれても、そこから投資戦略に導くほどの付加価値の高い要素を見出すことは稀有であると私は考えます。加えて、株価は基本的には決算発表と同時に業績を織り込んでしまうため、決算の掘り下げにエネルギーを注ぐよりも、決算評価のポイントのみを誰よりも早く出すために力を費やすことのほうが、パフォーマンスが高いと思います。

さらに、イベントに対するコメントについても、スピードと同時に洞察力も必要となります。図表49に、速報性の強いレポートについて、各アナリストのレベル感をまとめています。平均的なアナリストは、発生したイベントについて事実の総括や表面的な分析・評価に留まります。しかし、一流アナリストは、その事実がどのような影響があるかについて、新聞などでは語られないような領域まで言及します。超一流と一流の差は大きくありませんが、超一流はさらに思い切った深読みと想像力をレポートに落とし込みます。

例えば、担当企業の不祥事については、短期的な影響の解説は当然のこと、その会社ばかりでなく業界全体への影響を考察したうえで、その会社と業績のシナリオ分析まで行なえれば理想的です。M&Aであれば、買収や合併相手の概要と会社がリリースするようなシナジーの言及に価値はなく、具体的な収益影響、さらにはその他の会社を含めてのM&Aの連想などを述べることができれば投資戦略へのインプットとなるでしょう。規制強化あるいは規制緩和などは専門性が求められるため、ある程度の技術的な解説は必要ですが、そこに留まらず影響度や将来的な規制の変更可能性についても触れたいところです。経営者交代も、場合によっては株価を動かすレベルのインパクトがあります。新しい経営者の紹介は翌朝の新聞を読めば済みますので、経営手腕の評価や資本政策といった戦略的インプリケーションを示すことが、一流以上の要求水準です。

以上は、速報性の強いレポートについてですが、ある程度中身の濃いレポートがクォリティの向上には不可欠です。そこで、次に評価を高めるレポートについて述べたいと思います。

② 高評価につながるレポートづくり

私の経験上、「高い評価を受けるレポートを書きたい」と思って書いたレポートは大した成功を収めなかったように思います。むしろ、良いアイデアは仕事以外のリラックスタイムで浮かぶことが多く、その点はこれまでも述べたところです。ですから、本来であればある程度仕事から離れる時間をつくり、「レポートの神様」の降臨を待ちたいところです。とはいえ、アイデアも天の声次第と言っては読者の皆さんに申し訳ないので、いくつか過去の成功事例からヒントを提供できればと思います。

第一には、「戦略もの」です。戦略的なレポートは、政策提言、企業戦略提言、投資戦略提言の3パターンが考えられます。こうしたカラーのレポートは、短期的なトレーディングには結びつかない場合が多く、一部のセールス部隊やトレーダーからの評判はいま一つなのですが、長期的な投資のアイデアを探し求める投資家の関心が強い傾向があります。政策提言は行政の関心を伴うことも多いため、現実的な政策に結びつく場合があります。私がアナリスト2年目に書いた「税務上の繰越欠損期間の長期化による不良債権処理インセンティブの付与」はメディアや行政からの反響もあり、金融庁の「金融機関の自己資本充実に関する税制研究会」メンバーとして選任され、その後の繰越欠損期間2年延長（5年から7年へ）も実現されました。また、担当企業の経営戦略提言は、経営トップとの意見交換へとつながるケースもあり、たとえ厳しい内容のレポートであっても企業との信頼関係を強化することにも寄与します。

第二には、「長期的な構造変化もの」です。対象となるのは業界全体の場合もありますし、個別企業の場合もあります。誰もが気づいているような構造変化を材料にしても注目に値しないため、気づかぬうちに静かに進むような構造変化の兆しを見出す感受性が求められます。私の経験としては、アナリストを卒業する直前に某メガバンクについて取り上げたものがあります。メガバンクほどのエスタブリッシュメントとなると、簡単に変われるものではありません。しかし、私はトップの言葉、社内人事、経営計画などから、その銀行グループが新しい形へと生まれ変わる変化を感じました。そこで、市場が抱いているイメージとは別の姿と、より株主利益を注目する方向性について指摘しました。

第三には、「お勉強もの」です。規制、会計制度、業界構造など、日常的な事業から離れたテーマで、かつ株価にも少なからず影響する可能性のあるものについては、内容が複雑であるほど丁寧な解説を待っている人は多いはずです。私は（何度も述べてきたように）相場観は良くないのですが、国内外の金融規制、会計制度などの分野で徹底した説明と変化の動静についてのアップデートを丁寧に行ないました。こうしたテーマはほかのアナリスト以上にしっかりとしたリサーチが必要ですが、ひとたび市場の期待に沿うことが叶えば、必然的に関連レポートにも注目が集まります。

第四には、「クロスボーダーやクロスセクターもの」です。今世紀に入ってから、急速に日本株市場における外国人の投資家の割合が上昇しました。一方で、ＡＳＥＡＮ（東南アジア諸国連合）の新興国や中国の企業の躍進もあり、日本株を独立して見る海外投資家は激減し、日本株はアジア株の一部に成り下がってしまいました。このため、世界の中でなぜ日本企業を選ばなければならないのか、日本企業の中でもなぜ銀行なのかといった質問に答えていく必要性に迫られるようになりました。

そのような投資家のニーズにフィットするレポートが、国境を越えたグローバルレポートや業際を越えたクロスセクターレポートです。これらのレポートは多くの国内外のアナリストとのコラボレーションとなるため、なかなか骨が折れます。だからこそ貴重だと言えるのです。いまから振り返ると、グローバルレポートとクロスセクターレポートはアナリストが書く代表的なレポートのコアな部分に含まれると思います。

③ ユーザーフレンドリー

レポートの主役は書き手ではなく、あくまでも読み手です。レポートはアナリストのためのものではなく、顧客である投資家のためのものです。アナリストが自信をもってレポートを発行することは大切なことですが、それが読み手となる投資家にとって「ありがたい」と思ってもらえるかが一番大切です。それが「ユーザーフレンドリー」です。レポートにこそ、「プロダクトアウト」ではなく「マーケットイン」の発想が肝要なのです。

決算レポートについてはスピードが大切だと述べましたが、それは決算発表期間において多くの証券会社から山ほどのレポートが出されることを考えてのことです。バイサイドのアナリストは複数のセクターを担当している場合が多いですし、ファンドマネジャーに至っては全業種を見ている人も少なからず存在します。そのような人々にとって優しいレポートとはどんなレポートでしょうか？

私の答えは、重要なポイントのみをコンパクトにまとめたうえで早く出すことでした。私はアナリストをしていた最後の3年間、銀行・証券・保険・ノンバンクといった金融セクターを一人で担当していました。当然、決算日が重なることは日常茶飯事です。10社のレポートを10本に分けてだらだら発行していたら果たして誰が読むでしょうか？

私は、業種をまたいだ複数の企業のレポートを1本にまとめ、しかも1社わずか3行のコメントに重要な「勘どころ」を詰め込みました。トレーダーやセールスから伝え聞く、投資家からの評判は上々でした。1社3ページのレポートを膨大なエネルギーをもって書くことよりも、1社3行のレポートを一つにまとめて書いたほうが読み手にとってはフレンドリーだったのです。つまり、「スピード」と「俯瞰性」こそが、ユーザーのためを思うアウトプットの工夫であると私は認識しています。

最後にもう一つだけ、ユーザーフレンドリーなレポートの例を紹介したいと思います。株価が不安定な動きをする局面においては、多くの市場関係者に迷いが生じます。どういった事象がどこまで株価に織り込まれているのか、その答えを簡単には見出せないのです。この迷いに答えれば、投資家の不安感を鎮めることができるのではないかと考え、まさに「何がどこまで織り込まれているのか？」を示すレポートを書いたことがあります。次ページの図表50をご覧ください。

銀行の収益は不良債権処理のコスト（与信コスト）の想定により大きく左右されます。また、この算定を行なった時期は、増資の可能性が市場の不安を増幅していたこともあり、今後の増資による希薄化の問題も大きくバリュエーションに影響を及ぼしていました。

そこで、私は「追加的希薄化」「与信コスト」「妥当ＰＥＲ」という三つのディメンションから、そのときの株価を解釈する方法論を採用しました。例えば、仮にＰＥＲ12倍が妥当と市場が考えるのであれば、現在の株価水準は図表の網かけされているところに位置しているため、株価が織り込んでいる与信コストと希薄化のレベルの組み合わせを示してくれます。このため、もしある投資家が与信コストの想定が高すぎて、しかも希薄化も過大に織り込んでしまっていると考えるのであれば、「買い」の機会を見出すことができるのです。

誰もが未知数が三つもあれば、途方に暮れるでしょう。途方に暮れている人を救出するにはどうすれば良いのかを考えれば、ユーザーフレンドリーなレポートが書けるのです。

図表50 株価は何をどれだけ織り込んでいるのか？

銀行名⇒ Mizuho (Mizuho,MUFG,SMFG,Resona,Chuo mitsui,STB,Shinsei,Aozora,Chiba, Yokohama,Joyo,Fukuoka,Shizuoka,Shiga,Hiroshima)

業務純益（FY10CoE）	665.0
与信コスト（FY10CoE）	193.0
※貸出残高（10/3）	58,823.3
※与信コスト率	0.33%
実効税率	40.00%
連単差（FY09CoE）	50.0
株式総数（希薄化後）	22,308.9
株価（16/7/17）	175

単位：10億円

公正価値マトリックス Mizuho

PER10倍のシナリオ

	Credit cost=	0.20%	0.30%	0.40%	0.50%	0.60%	0.70%	0.80%	0.90%
追加的希薄化	(Finance)								
10.0%	390.4	154	140	125	111	97	82	68	54
20.0%	780.8	141	128	115	102	89	75	62	49
30.0%	1,171.2	130	118	106	94	82	70	57	45
40.0%	1,561.6	121	110	99	87	76	65	53	42
50.0%	1,952.0	113	103	92	81	71	60	50	39
60.0%	2,342.4	106	96	86	76	66	57	47	37
70.0%	2,732.8	100	90	81	72	63	53	44	35
80.0%	3,123.2	94	85	77	68	59	50	42	33
90.0%	3,513.7	89	81	73	64	56	48	39	31
100.0%	3,904.1	85	77	69	61	53	45	37	29

PER14倍のシナリオ

	Credit cost=	0.20%	0.30%	0.40%	0.50%	0.60%	0.70%	0.80%	0.90%
追加的希薄化	(Finance)								
10.0%	390.4	216	196	176	155	135	115	95	75
20.0%	780.8	198	179	161	143	124	106	87	69
30.0%	1,171.2	183	166	149	132	115	97	80	63
40.0%	1,561.6	170	154	138	122	106	91	75	59
50.0%	1,952.0	158	144	129	114	99	84	70	55
60.0%	2,342.4	148	135	121	107	93	79	65	52
70.0%	2,732.8	140	127	114	101	88	75	62	48
80.0%	3,123.2	132	120	107	95	83	70	58	46
90.0%	3,513.7	125	113	102	90	78	67	55	43
100.0%	3,904.1	119	108	97	86	74	63	52	41

PER16倍のシナリオ

	Credit cost=	0.20%	0.30%	0.40%	0.50%	0.60%	0.70%	0.80%	0.90%
追加的希薄化	(Finance)								
10.0%	390.4	247	224	201	178	155	132	109	86
20.0%	780.8	226	205	184	163	142	121	100	79
30.0%	1,171.2	209	189	170	150	131	111	92	72
40.0%	1,561.6	194	176	158	140	122	103	85	67
50.0%	1,952.0	181	164	147	130	113	97	80	63
60.0%	2,342.4	170	154	138	122	106	91	75	59
70.0%	2,732.8	160	145	130	115	100	85	70	55
80.0%	3,123.2	151	137	123	109	95	80	66	52
90.0%	3,513.7	143	130	116	103	90	76	63	50
100.0%	3,904.1	136	123	110	98	85	72	60	47

④ 効果的で効率的な執筆法

最後に、効果的で効率的なレポート作成の工夫について、簡単に述べておきます。

第一に、速報性の強いレポートは通勤途中の頭の中で作成を終えてしまうことです。もちろん、通勤途中でタブレットやモバイルPCなどで作成するほうが楽でしょう。しかし、私は混雑時やモバイル対応が困難なときには頭の中でブレットポイント（箇条書き）を書き上げて、オフィスに着いてからレポートに吐き出すのが通例でした。

第二に、決算レポートなどは事前に下書きしておくことです。アナリストであれば、ある程度、担当企業の決算について予想がつくはずです。私はすべての決算発表の前の週には、90％の確度程度の自信でドラフトを書き終えていました。このため、決算発表当日は発表から15分以内にプロダクションチームに提出し、1時間以内に発行されることも多かったのです。

第三に、タイトルに魂を込めることです。これは第3章のプレゼン資料のタイトルのところでも述べましたが、山のようなメールやレポートが襲来する中で、投資家の目に留まるのは至難の業です。アイ・キャッチという表現は好きではありませんが、タイトルの工夫はレポートの注目度を左右します。

■サービス・スキル

① 面倒な顧客ほど大切に

アナリストはバラエティに富んだパーソナリティであふれていますが、顧客である投資家にも百戦錬磨の猛者が多く、こちらも多彩な人々がいます。そんな中、相性などにより得意な人もいれば不得意な人も出てくるのは当然です。中には、ほぼすべてのアナリストが苦手とする顧客も存在します。

実はそうした面倒な顧客、わかりやすく言えば「嫌な客」ほど、貴重な存在です。こうした人物は英語でも「Difficult」と表現されますが、難しいからこそ対応の巧拙で、その顧客から見たアナリストとしての付加価値が大きく左右されるのです。

嫌なものからは遠ざかりたいのが人間心理です。自分にとって敬遠したい対象は、どの商売敵であっても敬遠したいはずです。それを逆に捉えれば、そのような顧客に対するサービスが希薄となっている可能性が高いとも言えます。そこに手厚くサービスをすることができれば、自らのバリューを上げることにもつながるのです。つまり、「面倒な顧客は掘り出しもの」と言えます。

逆に、感じの良い顧客は人格者であるため、ほかの競争相手もアプローチしやすいことも念頭に置くべきでしょう。

② 思いやりのスピード

前で決算などのリテンションレポートはスピードと俯瞰性に付加価値を見出している、と述べました。これはあくまでも私の意見ですが、ユーザーである顧客の立場を思えばこその判断です。思いやりがスピードにつながることが、アナリストの仕事ではほかにも数多くあります。

本章の第1部でも述べましたが、メールや電話などによる問い合わせやリクエストに対する「即レス」の姿勢は、顧客サービスの基本です。リクエストを短時間で処理することではなく、「リクエストにきちんと対応します」という約束を即刻行なうことが何よりも重要です。

顧客の立場に立てば、自分の問い合わせをきちんと認識してくれているかどうかが第一の不安要素となります。その不安を取り除いてあげるだけで、顧客の心に平安が訪れます。後は、ほかの仕事との兼ね合いを考えながら、リクエストの対応を粛々と行なうのみです。

バイサイド・アナリストは、セルサイド・アナリストに負けず劣らず多忙です。セルサイド以上にセクターを多く抱えていることもあり、社内ミーティングやファンドマネジャーへの対応を適切に行なうための処理事項が多いのです。特に決算発表時期は、超繁忙期です。そこで、バイサイド・アナリストに1分でも早く「考えるゆとり」と「心の平安」を感じてもらうサービスこそが、セルサイド・アナリストとしての思いやりであると思います。私は、多数の会社の決算が発表になる日であっても、もっと言えば集中日であるからこそ、アシスタントの協力を得て決算データベースの即日完成、即日送付を実践してきました。

③ かゆいところに手を伸ばす

私がアナリストになりたてのときに、日系の大手運用機関のベテランファンドマネジャーから「かゆいところに手が届くアナリストになれば、良いアナリストになれるよ」とアドバイスをいただきました。この言葉を胸に、14年間アナリスト業務に励みました。

具体的に「かゆいところに手が届く」とはどういった対応を指すのでしょうか？

これも「思いやりのスピード」と同様に顧客目線に立つことは当たり前ですが、ニーズも時々刻々と変わるのでそう簡単なことではありません。そこで大切にしたいのは、顧客からの問い合わせやリクエスト、そしてミーティングでの問いかけなどです。

顧客がその局面で抱えているニーズをそれらから感じ取り、どうすれば顧客にとって役に立つサービスを提供できるかについて考えるようにしましょう。制度問題などであれば、専門性の高い調査を行なってレポートにしたためること、海外の固有の会社についての関心であれば、海外で発行されているレポートの調査や同僚への問い合わせが有効です。何らかの計数の算定に係るものであれば、ワークシートを設計しても良いでしょう。ただし、その際、レポートに書かれていないオピニオンを含むような場合には、レポートを書いたうえで作成する点に留意しなければいけません。

次に、局面に関係なく問い合わせが多い項目については、汎用性の高いレスポンス・データベースをつくると便利です。よくある問い合わせが、「会社とのミーティングが予定されているのだが、賢そうに思われるような質問はないか？」というものです。私は担当企業それぞれに関して、素人レベルから玄人レベルまで難易度別に質問リストを作成し、決算ごとにアップデートしていました。もちろん、日本語と英語の両方を用意しました。このようなことを書けるのもアナリストを卒業したからですが、私がアナリスト時代にお付き合いさせていただいた銀行（ＩＲセクション）の読者の方は「そう言えば、似たような質問が別々の海外投資家から聞かれた」と合点が行くかもしれません。

④ 不安な人のセーフティネットに

投資家、とりわけバイサイド・アナリストは新たに担当セクターを任されたときは不安なはずです。私のポリシーは、不安な人に安らぎを与えることです。

セールスなどからセクターの担当替えなどの情報を入手したときは、極力早いタイミングでミーティングをセットしてもらいました。その場合は1時間枠でなく2時間程度の時間をもらい、「勘どころ」についてお伝えしました。

そのようなときのポイントは、投資家に安心してもらうためのメニューの提示です。いかに投資家に楽をしてもらうかが決め手となります。楽になってもらった分、投資戦略により多くのエネルギーを注いでもらうためです。

具体的にメニュー表に書かれているのは、最初に提供するものと定期的に提供するものに分かれます。最初に提供するもののリストには、初心者用の解説資料があります。アナリスト時代には、まったくの素人の方でもわかるように丁寧に解説したプレゼン資料をよくつくったものです。さらには、業績モデル、バリュエーション・モデル、シミュレーション、センシティビティ、時系列データなども惜しげもなく還元しました。

定期的に送付するものには、すでに紹介したような決算データや、それを反映した長期時系列データのファイルが含まれます。

相手に安心感を与えられるだけでもしあわせなのですが、相手が自分に依存してくれればくれるほど、自分の存在意義は高まります。いかに「私依存症」の顧客を増やすかが大切で、特に担当が変わったばかりのタイミングは絶好の機会と言えます。

アナリスト受難の時代だからこそ価値を創出すべき

■ゲームのルールの変化

ここ数年、証券会社の調査部門を取り巻く環境は激変しつつあります。そうした環境下における留意点を挙げておきたいと思います。

第一には、第5章最後の「法令・ルール遵守の勘どころ」のくだりでも述べましたが、アナリスト業務に係る「コンプライアンス先鋭化」と呼んでもおかしくないくらい、ルール運用厳格化の流れが加速しています。決算予想を行なうためのプレビュー取材が困難となるばかりでなく、経常的な取材においても入手した情報がフェアディスクロージャーの観点から適正なものか否かの判断が厳しいものとなりました。こうした動きは、従来のリサーチスタイルに慣れ親しんでいるアナリストにとっては、やりにくい時代になったと感じられていると思います。今後も、ルールの解釈が保守化する流れは当面の間止めることはできないと思いますので、「コンプライアンス上のグレーゾーンのコーナーぎりぎり」を攻めるような試みはやめておいたほうが無難だと思います。

第二には、スチュワードシップ・コードの導入により、運用機関が証券会社への株式売買手数料の配分についての説明責任を厳しく求められるようになった点です。電話やメールによる投資家への情報提供の頻度、担当企業とのミーティングのアレンジ、プレゼンテーションの頻度、セミナーへの招待など、定量的な管理データが従来以上に証券会社の評価に及ぶようになりました。これもコンプライアンス同様に、ゲームのルールの変更であり、すべてのアナリストが共通して直面している難局ですから、与えられた状況変化としてしっかりと受け止めるべきでしょう。

このような環境変化の中、やりにくい時代の到来を嘆くより、これを与件として受け止め、アナリストとしてのパフォーマンスを最適化する方策を志向することが重要です。そのためには、取材に依存したリサーチモデルではなく、普遍的な情報からも価値あるプロダクトを生み出す力が従来以上に求められます。担当企業とのコミュニケーションは、業界動向などの知見を得るうえでは不可欠です。しかし、そこから取り込んだ特別な情報を価値の源泉とするのではなく、独創性をもって市場をガイドする能力がより高く評価される時代となったのです。まさに、これまで述べてきたことの実践が、アナリスト評価に直結するのです。すべてのアナリストと投資家がうかがい知ることのできる情報から、感受性・想像力・創造力を駆使して行間を読み込む力が勝負の分かれ目となります。

また、顧客対応の定量化に関しては、粛々と件数を積み上げ、それを顧客管理システムに確実に反映する手間を惜しまないことです。管理仕事ではモチベーションが上がりません。しかし、「税金を払う」感覚で地道にやっていかなければいけません。

■面倒な対象を探す

感受性・想像力・創造力を駆使した独創性のあるリサーチについては、これまでの各種スキルで述べてきましたので、受難の時代だからこその着眼点について付け加えておきます。それは、「手を出しづらい銘柄を狙え」ということです。

「手を出しづらい」ということは、二つの意味があります。一つは、特殊性が強いために「わかりにくい会社」ということです。事業内容の特殊性の場合もあれば、抱えている経営上の問題などに起因した特殊性もあります。あるいは、会計上の特殊性、政策上の特殊性、制度的な特殊性といった一般論では語れない会社は数多く存在します。こうした会社は、調査に手間がかかり、理解に手間がかかり、説明に手間がかかるため、看過される傾向が強いのです。こうした見失われた会社を発掘することで、アナリストとしての価値を創造することは十分に可能です。

もう一つの意味は、「ダメな会社」ということです。過去に重大な不祥事を起こした会社、業績が低迷しており定期的に経営不安がささやかれる会社、過去の負の遺産により制約を受け続けている会社などの「ダメな会社」も種類が豊富です。こういった会社も、投資家やアナリストのリスクへの意識が強いため、コアのリサーチ対象から外れている場合が多いのです。しっかりした分析を施されていない会社というのは、市場の効率性が低くなる傾向が強いため、逆に投資の機会が潜んでいます。

前にも述べましたが、株の世界では変化率、すなわち「デルタ」が重要です。ダメな銘柄が普通の銘柄になるデルタは、良い会社がさらに良い会社になるデルタよりも大きくなる可能性が高いのです。しかも、そのような変化の兆しに気づくほど市場では分析されていません。チャンスはそこにあります。

例えば、大手銀行の中でほぼ毎年業績下方修正を発表して市場からあきれられていた会社がありました。その会社は、赤字決算が続いた結果として資産計上が認められない繰延税金資産（評価性引当金）も多額に上っていました。ちなみに、評価性引当金の金額はそのときの株式時価総額を上回っていたのです。万が一、収益力が回復して評価性引当金が資産計上されれば、時価総額以上の純資産価値の増加が見込めるほどのインパクトです。その銘柄に関して、私はリサーチにリサーチを重ね、結果としてトップ推奨とした時期もあり、株価は急騰を遂げました。

■鳥瞰する

受難の時代だからこそ、パブリックな情報で大きな付加価値を生む努力をすべきであると述べました。そのためには足元も大事ですが、一度視点を外して遠くから構造変化を見つめる時間も必要です。前の「アウトプット・スキル」のレポートのところでも説明したように、構造変化や政策提言のテーマは、長期的な投資のアイデアを求める投資家からの評価を受ける傾向が強いのです。

アナリストの職業上の最大のミッションは、企業調査と情報提供です。しかし、企業調査に付随する産業調査を行なう過程で、わが国の制度や市場慣行が抱える課題に接することも少なからずあります。調査対象の企業は、監督官庁などの行政に対しては物を申しにくいケースもあるため、日本企業の競争力に資するような政策も産業界からすべて発信されているわけではありません。

こうした中で、アナリストは産業調査にも精通して、しかも問題解決能力ももっているほか、何よりも客観性を備えています。したがって、業界からの提言であれば、公益をある程度犠牲にしつつ業界の利益に適うような性格なものだと疑念をもたれるような可能性もありますが、アナリストから客観性の高い政策提言が出されれば、相応の説得力があるはずです。

エピローグ

本書をお読みいただいた方へ

最後に、いくつかお願いを兼ねて申し添えたいと思います。

一つは、本書を読んでいただいた方がアナリストあるいはアナリスト志望者であれば、アナリストとして担当業界を愛してほしいということです。

「愛する」とは、株価が上昇する期待をもつという意味ではありません。愛するがゆえに、その業界が良くなってほしいという思いを強くもつことです。だからこそ、業界を見る目は厳しくなければなりません。

改善を要する部分はしっかりと指摘し、ときには叱るようなことがあってもいいと思います。アナリストとしての中立性と客観性があるからこそ、可能となる業界評価です。

もう一つは、めでたくトップアナリストになっても勘違いしないことです。

トップアナリストは王様ではありません。アナリスト自身の才能や努力なくしてはトップにはなれませんが、同時に周りの人々のサポートがなければトップにはなれないでしょう。アシスタント、（もしいれば）ジュニアアナリスト、プロダクションチーム、セールスチーム、庶務係、ＩＴサポート、それぞれが不可欠な支援となっているはずです。

感謝の気持ちを忘れないように、強く意識してください。また、周りの人々がしあわせになれば、そのしあわせの空気は自分にも返ってくるものです。

本書を執筆するにあたっては、「超一流」というタイトルになかなか自分の気持ちがついていけず逡巡しました。しかし、家族、職場、取引先、大学の先生をはじめとする多くの皆さんに導かれて、そのような修辞をいただく機会にも恵まれたことに感謝の気持ちをもって、その恩返しのために本書を執筆する決心がつきました。

本来であれば、お世話になったシティグループ証券の後輩たちに「引継書」のような形でエクスクルーシブなノウハウを残すべきだったのかもしれません。執筆を終えたいまもその気持ちは残っています。しかし、第1部でまとめたような幅広い社会人の皆さんにお役に立つような形に仕上げることで、社会全体の幸福量が少しでも増えるための役に立てばと願っております。

《参考文献》
小田亮『利他学』新潮選書、2011年。
野﨑浩成『トップアナリストがナビする金融の「しくみ」と「理論」』同文舘出版、2015年。
平岡聡『心がすぅーっと軽くなる　ブッダの処世術』ワニブックス、2016年。

謝辞

本書企画段階からお世話になった日本実業出版社編集部の皆さんに、この場を借りて御礼申し上げます。

私が経営上の重要な局面において戦線離脱したにもかかわらず、弛まぬお付き合いをいただいたりそなホールディングスの東和浩社長、アナリスト業界への道にいざなってくれたエージェントであるブルース・ベイカー氏、退職後も丁寧なフォローをいただいたシティグループ・ジャパンの田中達郎会長、多くの局面で貴重なご指導をいただき続けている東洋大学の竹中平蔵先生に心より御礼申し上げます。

そして最後に、慈しみの心を育ててくれた両親（野崎正一・敦子）、常に心の支えでありエネルギーとなってくれた家族（野崎理恵・裕大・菜央）に大きな感謝を捧げたいと思います。

２０１６年10月

野崎　浩成

野崎浩成（のざき　ひろなり）

京都文教大学総合社会学部教授。1986年慶應義塾大学経済学部卒。1991年エール大学経営大学院修了。博士（政策研究、千葉商科大学）。

埼玉銀行、HSBC、シティグループ証券マネジングディレクター、千葉商科大学大学院客員教授などを経て2015年4月より現職。

米国CFA協会認定証券アナリスト、日本証券アナリスト協会検定会員。2010年日経アナリストランキング総合1位（全産業）、日経アナリストランキング1位（銀行部門、2015年まで11年連続）、インスティテューショナル・インベスター誌1位（銀行部門、2013年まで10年連続）。2015年金融審議会専門委員。

著書に『トップアナリストがナビする金融の「しくみ」と「理論」』（同文舘出版）、『銀行』『バーゼルⅢは日本の金融機関をどう変えるか（共著）』（以上、日本経済新聞出版社）、『銀行の罪と罰』（蒼天社出版）、『銀行のグループ経営（共著）』『グローバル金融システムの苦悩と挑戦（共著）』（以上、金融財政事情研究会）などがある。

超一流《ちょういちりゅう》アナリストの技法《ぎほう》　思考法《しこうほう》からバリュエーションまで

2016年11月１日　初版発行

著　者　野﨑浩成 ©H.Nozaki 2016
発行者　吉田啓二

発行所　株式会社日本実業出版社　東京都新宿区市谷本村町3-29 〒162-0845
大阪市北区西天満6－8－1 〒530-0047
編集部　☎03-3268-5651
営業部　☎03-3268-5161　振　替　00170－1－25349
http://www.njg.co.jp/

印刷／理想社　　製本／若林製本

この本の内容についてのお問合せは、書面かFAX（03－3268－0832）にてお願い致します。

落丁・乱丁本は、送料小社負担にて、お取り替え致します。

ISBN 978-4-534-05438-8 Printed in JAPAN